生死學堂

生死教育學會於二零零六年成立，是非牟利的教育及服務團體，希望向市民大眾及醫護人員推廣生死教育，加強社群對生死概念的認識，從正視死亡的事實中探索如何讓有限的肉體生命、發揮無限的生命價值，從而建立整全的生命觀與生死智慧，迎向人生的每一個挑戰。

要達到這些目標，需要搭建平台，分享和學習。學會跟慈善機構大銀結緣，在二零一七／一八年間舉辦共十二課「生死學堂」，以學會的人脈網絡和大銀的推廣平台，再加上安寧療護基金會支持，成就這件美事。

我們邀請了走在最前線的資深醫護人員、社工、學者、當院侍的佛教法師……都是相關議題的推動者及倡導者，亦有喪親的過來人與照顧者，坦率真摯分享。更重要的是，參與學堂的朋友都非常投入，每一課，最精彩是互動的過程，嘉賓和參加者都非常積極討論。

我是十二課的主持，每次都一定先細讀報名表，報名的朋友要對課題提出問題，寫下自己的看法，十分認真，讀到大家熱切追求希望深入認識，我很感動。有部分報名者，正面對家人即將離世，當中的掙扎、疑惑、渴望尋找出路……顯示生死教育的課題是重要的。

　　經濟學人智庫Economic Intelligence 公布「二零一五年死亡質量指數」（Quality of Death Index）調查，分析全球八十個國家和地區，計算善終及醫療保健環境、人力資源、服務承擔力、服務質素、社會參與等得出排名。結果香港排名跌兩位至第二十二，其中「社會參與」community engagement的項目排三十八，比很多落後的地區還差。「社會參與」指的是：公眾對紓緩治療的認識和瞭解；有充裕的紓緩治療義工積極參與服務，且接受定期培訓。

　　其中一位早期推動死亡學的華人學者傅偉勳先生，寫下《生的尊嚴和死的尊嚴》，清楚説明每個人都應有權利尊嚴死亡。達此，香港仍漫漫長路，提升社會參與程度，推廣生死教育，是重要和必須的，這不止政府的事，也是眾人的事。

　　生死教育學會與大銀做的，是小事，可是「不以善小而不為」，點燃小小火光，逐漸燃點大眾對生死課題的關注。

謝建泉醫生
生死教育學會創會會長

目錄

長命的糾結

中文大學哲學系客席助理教授
陶國璋

不同人的不同意義，
不約而同都指向「自我滿足」

「我一直都在公立醫院腫瘤科，工作了三十多年，香港的醫療水平很高，可是只有一半到三份一病人可以醫好，可以想像這些年來有多少『鬼』跟住我——所以我對生生死死有興趣。」生死教育學會創會會長謝建泉醫生開玩笑。生死學堂第一課，他找來多年老友中文大學哲學系客席助理教授陶國璋，一起談現代人其中一個最困擾的議題：長命的糾結。

參加者：

> 我無伴侶、無工作、無物業，「三無人士」以後怎辦？

參加者：

> 我其中一份保險過了一百歲可以領回保金，好想得到；但我也是護士，看見一些病人家人盲目地要求長壽，又很矛盾。

參加者：

> 爸爸九十一歲，一直健康，直至兩個月前小中風；媽媽去年淋巴癌過身，才六十五歲。媽媽一直做義工，還坐輪椅去台灣參加法會，為她的宗教付出到最後一刻，她是滿足的。相反爸爸不知足，好多埋怨，整天說：「為甚麼我未死？」

參加者：

> 我在老人院做社工，見到很多「嫌命長」的公公婆婆，一些身體差的要餵，食完要拉出來；不能吃的要插喉，拉不出的要塞藥，天天餵完又拉，我的工作是否有意義？對老人家有沒有意義？

參加者：

> 我活到六十歲就夠了：嫲嫲九十多歲，靈堂上沒有一個人比她年紀大，很恐怖，想像所有陪我成長的人都死掉。而我姨姨四十出頭突然骨癌，幾個子女還在讀小學。我的目標是不用太長命，但會好好珍惜時間。

為何糾結？

陶國璋：

> 「糾結」的英文是paradox：長命應該是好的，但有些人又「嫌命長」，為甚麼呢？
>
> 小孩早死，我們會覺得可惜，因為來到這世界卻沒有經歷過甚麼。生命越長，越多經歷，有苦有樂起碼是豐富的。可是生命也可是「拋物線」：小孩很好奇，嘻嘻哈哈；上了大學就不會很多笑容，出來工作更多壓力；人到中年「前無去路，後有追兵」，父母進老人院子

女又要交學費;晚年理應享福,可是牙齒不好、走路不便。這是decline「滑落」,精神和體力都走下坡。

樹葉落了,生命越來越少機會享受,甚至遇到死亡的孤獨感,將會失去自我,會被遺忘。如果現代人活到一百歲,退休後那三十年可以怎樣過?我就正在嘗試這樣的生活,也在做這實驗。

謝建泉:

人生是矛盾,但程度可以減低。身體、心理、社交、靈性,從這四方面去減低。身體上,人老了不能變青春,但可以看起來不老。我女兒四、五歲時,德蘭修女來香港,她上台獻花,馬上跑回後台,我心想她一定害怕德蘭修女滿臉皺紋,誰知她說:「婆婆好靚!」一個人老了,心靚就是靚,小孩有直覺。

可是老了就會改變,心理和社交要調節,我不會再追巴士,會預鬆時間。我也在做感恩的修為:今早我能起身,神父話有幾千人這天早上都無法起身,我起到㗎。並且還可以開口說話、感恩。這是很小的意義,但幫到我自己。

一個人生命不論長短,而是深度和意義。如果不懂感恩,就找不到意義。每個人都要學習找到自己心目中的意義,身邊人有些好苦,有些少少事都會笑,那就要多一些後者的朋友。

意義是甚麼？

參加者：

能夠幫人。

參加者：

有得睡午覺！

參加者：

能夠戰勝自己就有意義，發現自己的問題，然
後改掉，例如說話太快、得罪人又不知道……
現在每天學倉頡，這些是小事，但令我生活好
快樂。有些問題不是三朝兩日能處理，所以我
不想死，小心身體把人生這份功課做好一點。

參加者：

你喜歡的人在身邊，在香港是生活，而不是
生存。

參加者：

我要知道點解要活下去。

陶國璋：

> 不同人的不同意義，不約而同都指向「自我滿足」。如果你幫了人，人們不領情，就會失望，煩悶，到了絕望就會討厭自己，寧願吸毒、賭博，不用清醒面對自己，絕望到了無法再分心，就會自殺。

> 反過來，意義就是有滿足感，這定義是自己的。有些人喜歡飲飲食食可以去旅行。可是這對意義的構想，亦有幻象，我們會想像自己不幸福。香港好多人不幸福，因為政治、買不到樓……這是人類獨有的，希望追求完全。好處是人類會因此進步，壞處是有盲點，要學會接受不完全的完全。

謝建泉：

> 耶穌會神父戴邁樂的金句：All is well, Yes to life。既來之，則安之，當你是「三有」，又會擔心房子，無錢就不會買幾份保險。活在當下已不夠，要活好當下，這可以是一種修為。

> 佛教衍隱法師教我「六忍」的理念：最初是「死忍」。對同事日日忍，咬實牙關都是力量。第二層是「空忍」：當佢無到，很負面但心涼。我也曾經很氣，有同事是「潛水艇」：有嘢做就潛水，無嘢做又浮上來，氣得我寫個「忍」字。但第三層是「反忍」，反思我為甚麼生氣？因為我要做他的工作，可是當我不介意把他的工作完成，結果更快考到專業試，因為經驗多，有信心。

更上一層是「喜忍」：對方令你不開心，是益了你，令你可以看到自己有甚麼問題。有一個同事特別令你生氣，可能正是自己特別敏感之處，就知道自己的弱點。

最高境界是「慈忍」：有些人不用忍，因為有慈悲之心，有些出家人可以，我不成，但從「反忍」、「喜忍」當中會看到自己的盲點。這就是修為。

參加者：

要學識放下，很困難。

我的「糾結」是要求我的兒子肯去看精神科醫生，我就可以死了，但他一天不願去，我就不願死，要被迫延長自己的生命，很大壓力。

如何走出來？

陶國璋：

> 有一個方式是追求知識，例如文學、電影，慢慢培養興趣，這世界是好有趣味的。第二是藝術的修為，每日重新看世界，念天地之悠悠，大自然有重要的訊息，去海邊不要去商場。第三點是世界的神秘，我沒有宗教，但會景仰一些偉大的人物，像德蘭修女、劉曉波，奮不顧身追求大家的理想，內心會有呼應。

謝建泉：

> 我以前照顧癌症病人，會說：無論是剛開始病，或者到了後期，腦裡一定會想自己的病，但如果廿四小時只是想這事，生命就只得病，值得嗎？放下很難，但可否用少少時間去想病以外的東西？容許自己在廿四小時內，用少少時間去做其他的事？讓自己有小小的空間，慢慢地，也許沒有放下，但多了時間有別的東西。

參加者：

> 兒子不肯看精神科醫生，變成我要看醫生醫治抑鬱，這是第一步。第二步接受了輔導，我好幸運遇到好人。但第三步是輔導也解決不到的問題，便要接受。兒子當我是害他的人，好辛苦，試過見臨床心理學家無法說話，封鎖了自己，但我後來喜歡攝影，拍了一張空椅，四周黑黑的，我的安全感只得這一張椅子，這感覺我說不出，但相片說出來了。

我了解自己，再進一步，讀書，認識自己。兒子令我的生命超越了。即使我不感覺到他愛我，但我感受到我愛他，那已經足夠了。

慢慢地，我覺得兒子是用外星人的方式，去表達他對媽媽的愛。

謝建泉：

最後我想說水的故事：有些水被人罵，有些被讚，水結冰後，被讚的結晶體好靚，被罵的好肉酸。人七成都是水。就算沒有宗教背景，你內心也可以為對方祝福，為自己祝福 ── 神父教我：

> 願你充滿慈愛的心，
> 願你平安幸福，
> 願你快樂。
> 願我充滿慈愛的心，
> 願我平安幸福，
> 願我快樂。
> 願眾生充滿慈愛的心，
> 願眾生平安幸福，
> 願眾生快樂。

這樣幫到人又幫到自己，
是多麼的美好呢。

香港人
如何能好走？

②

紓緩治療專科醫生
胡金榮

紓緩治療專科護士
吳樂欣

贏得生命的尊嚴，
贏得最後一刻的和諧。

「我們的信念是肯定死亡和生命，是人
生的自然過程，不會加快或延長病人的
死亡過程。」紓緩治療專科醫生胡金榮
和護士吳樂欣，兩人每一天都面對病人
的生離死別。

胡金榮:

> 那病人五十多歲,一走進來就喊:「喂醫生!你一係一針打死我,我現在好辛苦好痛,一係就『醒』六個數字給我。」原來他想去醫院外的投注站買六合彩,贏了便有錢可以去瑞士安樂死。

> 我靜靜聽他繼續說。他肺癌,蔓延到骨骼和胸腔,非常疼痛,同時人生也很慘痛,妻離子散,沒有朋友,錢全輸光,自覺走投無路。整個紓緩團隊幫他止痛、尋回親人,教他一些心法減輕抑鬱。他最後一程轉變很大,沒再問我要六個數字,我覺得他已經比中六合彩更好,贏得生命的尊嚴,贏得最後一刻的和諧。

吳樂欣:

> 有位老婆婆待在病房近窗的位置,情況已經很差了,子女來到只有一個要求,就是想要一個空間,可以拖著媽媽的手,陪著她走。同事很好,很落力安排了一間病房,本來放了四張床,我們在病床旁圍上布簾,讓這對子女可以拖著媽媽的手。

> 為甚麼難忘?因為他們談的不是大事,而是從小到大,大家相處的開心片段,在婆婆身邊,你一句我一句講出來,而婆婆就在這些有笑有淚的回憶中走了。

甚麼是紓緩治療？

胡金榮：

心臟科是醫心臟的專科，骨科是醫骨頭的，這麼多學科當中，唯有紓緩醫學或者紓緩治療，是需要醫生以外的人下定義。

根據世界衛生組織，紓緩治療是幫助危疾患者和家人提升心理質素，危疾不止是癌症，還包括心臟病、肺病、腎衰竭等，透過及早發現，預防痛楚，痛楚依然出現，可以緩解，同時也關顧病人身體、心靈、社交和靈性需要。我們希望提出的治療方案，不是讓病人消極地等死，而是死前盡量積極、活躍地繼續生活；亦會幫助病人家屬面對，病人離世後處理家屬的哀傷。

這不止是醫生或護士可做到，需要有物理治療師、營養師、社工、義工、宗教界人士等許多不同專業的人走在一起。紓緩治療不需要等到臨終，病人在接受手術、化療等續命治療時，紓緩治療也可讓病人更有信心面對，並減少併發症。

我們的信念是肯定死亡和生命是人生的自然過程，不會加快或延長病人的死亡過程。

病人如何轉介？

胡金榮：

打開醫院管理局的網頁，你會覺找不到關於「甚麼時候可以轉介病人去紓緩治療科」的資料，但會見到有一欄是「家居紓緩服務」，點選進去，會看到一張標楷體的白色單張，當中標題寫著「何時轉介？」：「患有不能治癒的晚期病症，加上出現各種不適的病徵的病人，便可轉介到紓緩治療科。」── 然而實際在公立醫院，主要是癌症病人比較容易轉介到紓緩治療科。當病人患上了癌症，無論腫瘤科醫生、其他作診斷的外科內科醫生，都可以轉介。其他疾病要視乎不同醫院的資源，明愛醫院有為末期腎臟或心臟衰竭、認知障礙症等提供紓緩治療，先由有關專科的醫生評估後再轉介。

參加者：

是不是所有醫生都相信紓緩治療，如果主診醫生拒絕轉介，病人如何得到服務？

胡金榮：

病人也可以向社康護士、社工等提出，但醫管局的轉介信並不容易填寫，例如要填寫曾經接受甚麼治療，一般還是需要醫生填寫，也有私家醫生肯轉介。

廖進芳（生死學會前會長）：

我們會教病人或家屬去看醫管局的「家居紓緩服務」，不用轉介，自己也可以打電話要求服務。當護士和醫生評估病人適合有家居服務，或者需要轉介去醫院紓緩治療科，就會幫手轉介。這可能是一個捷徑。

　　除了醫管局，還有三間自負盈虧的院舍提供紓緩治療：沙田的善寧之家、將軍澳靈實協會的寧養院、香港仔防癌會癌症復康中心。近年也開始有私家醫院，或者老年學會等支援這些服務。

謝建泉：

私家醫院很難提供紓緩治療服務，像護士要陪病人和家屬談話，怎樣計錢？當這些服務無法轉用經濟效益來量度，醫護人員都做得格外辛苦。

臨終病人無服務？

參加者：

> 香港一年死四萬多人，有多少可以得到紓緩治療？醫管局出了紓緩治療的政策文件，這服務在施政報告亦有提及，那麼將來會否擴大這個服務呢？

謝建泉：

> 我二十多年前參考英國，估計每一百萬人，需要四十張紓緩治療病床。當時是針對癌症病人，並不是所有癌症病人臨終都需要接受紓緩服務的，主要是針對徵狀和哀傷。
>
> 就像不是所有人有親友過身，都需要找哀傷服務支援，有些人有能力可以自己過渡。我估計三份一人在至親離世後，能慢慢過渡；有三份一人需要朋輩陪伴；最後三份一或更少的，需要專業輔導。如果每個人在至親離世後，都需要大量專業輔導，這個世界肯定出了問題。

廖進芳：

> 現在香港大約有三百八十張病床。但是否需要增加是有爭議的，因為現在的趨勢可能是建立更多流動服務團隊，可以在整間醫院、社區裡走動，這也是全球趨勢。

家人怎得到服務？

參加者：

我親身覺得香港服務極度不足。我至親的兒子，三十歲時突然工作中跌倒，就這樣走了，期間搶救了十多個小時，醫院完全沒主動幫家人。五年後我的至親仍然很悲傷。

謝建泉：

這類突然死亡的病人，不屬於紓緩服務中輔導服務對象。假設一位病人自殺或者在急症室過身，理論上，會有社工和臨床心理學專家支援家人。家人已經這樣傷心，應該是醫院主動安排的。如果家人有宗教信仰，護士可能幫手找牧靈部。

參加者：

我完全明白醫管局或者醫生和護士是很忙碌的，這事發生以後，我所得的教訓是：作為家屬，自己要主動一點，自動自覺尋找協助，然後自己提出要求，因為這些服務是不會自動出現的。

參加者：

你們有沒有特別欣賞哪一個國家的紓緩治療？香港的紓緩治療跟其他地方比較，水平還差一點距離？

吳樂欣：

我曾經去過台灣實習，那裡的紓緩治療團隊有音樂治療師，這種安排在香港簡直是天方夜譚。我看到有一位先生一首歌也不肯唱，但他太太還是在床邊唱給他聽，他和太太都抒發了情緒。原來團隊中還可以多加一些元素令事情更加好。

廖進芳：

我曾在英國接受專業的紓緩治療培訓，也做了半年紓緩服務的義工，二零一二年再回去英國四個星期。香港服務在許多方面的質素，譬如住院、家居探訪等等，都是很高的。

英國的優勝是有很多研究支援，政府有政策。腫瘤科的醫生如果認為那病人會在一年內過身，那這位病人就合資格申請免費服務，包括請照顧員、藥費、診症等。

醫管局轄下提供紓緩治療的醫院

醫院聯網	醫院	地址	查詢電話
港島東	東區尤德夫人那打素醫院	柴灣樂民道 3 號東座地庫 2 層	2595 4051
	律敦治及鄧肇堅醫院	灣仔皇后大道東 266 及 282 號	9802 0100
港島西	葛量洪醫院	香港仔黃竹坑道 125 號	2518 2100
	瑪麗醫院	薄扶林道 102 號	2255 3881 / 2255 4649
九龍中	香港佛教醫院	樂富杏林街 10 號 A1 病房	2339 6140
	聖母醫院	黃大仙沙田坳道 118 號	2354 2458
	伊利沙伯醫院	九龍加士居道 30 號	3506 7300
	東華三院黃大仙醫院	黃大仙沙田坳道 124 號	3517 3825 / 3517 3845

醫院聯網	醫院	地址	查詢電話
九龍東	靈實醫院	將軍澳靈實路 8 號	2703 8888
	基督教聯合醫院	觀塘協和街 130 號	3949 6549
九龍西	明愛醫院	深水埗永康街 111 號	住院服務: 3408 7802 家居服務: 3408 7110
	瑪嘉烈醫院	瑪嘉烈醫院道 2-10 號	2990 2111
新界東	白普理寧養中心	新界沙田亞公角山路 17 號	住院服務: 2645 8802 家居服務: 2651 3788
	威爾斯親王醫院	沙田銀城街 30-32 號	3505 1573
	沙田醫院	沙田馬鞍山亞公角街 33 號	住院服務: 3919 7577 日間服務: 3919 7611
新界西	屯門醫院	屯門青松觀路 23 號	2468 5278

各區公院家居紓緩服務

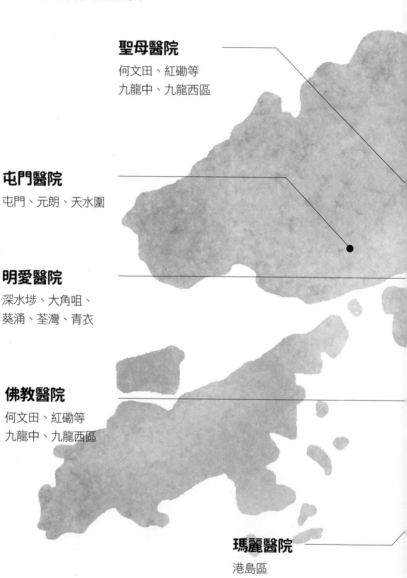

聖母醫院
何文田、紅磡等
九龍中、九龍西區

屯門醫院
屯門、元朗、天水圍

明愛醫院
深水埗、大角咀、
葵涌、荃灣、青衣

佛教醫院
何文田、紅磡等
九龍中、九龍西區

瑪麗醫院
港島區

基督教聯合醫院

黃大仙等九龍中、九龍西區

白普里寧養中心

[癌症] 大圍、沙田、
大埔、粉嶺、上水女

[非癌症] 粉嶺、上水

沙田醫院

[非癌症] 沙田、大圍、
大埔

靈實醫院

觀塘、牛頭角、秀茂坪等
九龍東區、西貢

律敦治及鄧肇堅醫院

港島區

東區尤德夫人那打素醫院

港島區

葛量洪醫院

港島區

安樂死很安樂？

紓緩治療專科醫生
胡金榮

安樂死定義只有一個：直接和有意地使一個人死亡，作為提供醫療護理的一部份。

「在我心目中，紓緩治療的服務做得好，要求安樂死的機會應該會降低一點，是不是這樣？」謝建泉醫生問，不少參加者卻大聲答：「不是！」

香港人的最後一程，為甚麼不能選擇安樂死？紓緩治療專科醫生胡金榮，深入討論病人意願與醫護人員的為難處。

謝建泉：

請醫生和護士說一下，為甚麼病人想結束生命？因為心、身、靈、社交其中一項他處理不了，希望用又快又舒服的方法死去。如果有安樂死，那為甚麼還要用這麼多人力物力去做紓緩治療，處理身心靈社的需要？何況尋死是病人自己要求的。

胡金榮：

美國有研究：給了病人安樂死藥物後，要多少分鐘後才死亡呢？原來由零分鐘到足足一百零四小時都有。許多人以為安樂死沒有痛苦，這是傳媒營造的訊息。

謝建泉：

美國用的是「醫助自殺」，不是直接為病人打毒針安樂死，而是準備好毒藥，要病人自己按下去。

胡金榮：

這就是問題，許多人不知道要自己下手，事實很多病人得到藥物後，是沒法下手的。在談安樂死之前，首先要講定義。安樂死在我們醫生守則裡，定義只有一個：直接和有意地使一個人死亡，作為提供醫療護理的一部份。

在香港安樂死是違法的，亦是不道德行為，更貼切是不合倫理。就算在美國那幾個可以替病人自殺的州，或者有死刑的州，醫護團體都是反對由醫生執行。

一些人贊成安樂死，理據是人有權選擇結束自己的生命，這是自殺，我的卑微訴求，就是千萬別讓醫生參與。醫生的責任是治好病人，但當醫生能夠參與決定病人死亡時，這權力可以多麼的不受控！誰能決定病人正在受苦？誰能決定病人所受的苦是不能忍受？這些都沒有客觀標準，沒有一種抽血檢查可以驗出結果。

我自己反對安樂死，因為病人尋死，是因為太辛苦，而這種辛苦是可以透過不同方法處理的。現在越來越多地方把安樂死合法化，那我只有一個訴求，就是別讓醫生參與決定死亡，一旦有了 license to kill（殺人牌照），可以很危險。

無法防止濫用？

參加者：

> 我本人不贊成安樂死，但如果能妥善處理症狀的話，要求安樂死的人一定會減少。

謝建泉：

> 如果症狀未能妥善處理，病人為甚麼不能選擇呢？因為必然會濫用。

胡金榮：

> 荷蘭現在可以協定：如果醫生發現嬰兒因為某種原因，大多是出生時曾窒息或一些先天性的疾病，醫生覺得他無法繼續生存，或者即使生存，生活質素也並不理想，就可以幫助嬰兒安樂死。而在比利時，患抑鬱症的病人亦可以安樂死。

謝建泉：

你們不覺得可怕嗎？患抑鬱症的病人可以自己簽字安樂死？
我最早期安排學生辯論安樂死，選了幾個條件，早期的安樂
死要求亦很嚴謹，需要完全符合這些條件：

- 末期病人，即是估計壽命不超過半年；
- 症狀處理有問題，病人很辛苦；
- 經精神科醫生診斷，病人沒有患上精神病；
- 年齡需十八歲或以上；
- 設冷靜期兩星期。

起碼要符合這些條件。但現在病人不需要是末期病患，只要他
精神上痛苦到自覺不想生存下去，就可以要求醫生幫他自殺。

病人有權拒絕治療？

參加者：

如果我選擇自殺，這是我的事，不需要醫生批准，但因為安
樂死或醫助自殺是由醫生執行，才需要醫生同意。

病人也可以拒絕治療的，不治療，就會死，不用特地自
殺。問題是香港雖然容許病人拒絕治療，可是實際上醫生並
不尊重病人拒絕治療的權利，例如一些醫生照樣會為拒絕的
病人插鼻胃喉，或者病人根本沒機會表達意願。

你們反對安樂死，但如何保障香港人拒絕治療的合法
權利？

胡金榮：

> 醫生守則寫得很清楚：當病人入院時，醫生的責任是小心照顧病人，盡量減低病人的痛苦，令他有尊嚴地離世。醫生可以停止為垂死病人提供維持生命的程序，包括插喉，甚至是吊鹽水等，亦有許多病人向我們提出不想繼續用這些維生設備，叫我們停用，理論上醫生是要停用，但實際上醫生並不一定尊重病人意願。
>
> **問題一**：醫學院的倫理教育不足，專科訓練亦不足。
>
> **問題二**：醫生無法按病人意願叫停，因為家屬不同意，醫護人員要面對的是家屬。

胡金榮：

> 坦白說，如果你叫醫生施行的急救，是明知不會有效的，他當然會選擇盡量不做，是不是？但許多時候，可能家屬Ａ有想法，家屬Ｂ又有其他意願，突然間台山來一位、台灣來一位、馬鞍山的又來了，現場說不行，要急救——中國人始終覺得不搶救，就是不救。
>
> 這令前線醫護人員很為難。雖然守則很清楚：病人的意願應該凌駕於親屬的意願之上，但想像一下：病人晚上因為心臟病被送到醫院，這些時間大多是較為年輕的醫生當值，當你面對每位家人不同的要求時，最容易就是搶救，以免煩惱。
>
> 就算病人在律師證明下簽了預設醫療指示，突然有其他人走來說病人昨天改變主意了，那醫生還是不能不聽的，醫生會為這事去打官司嗎？這不是法律問題，而是文化的事。

家屬會否投訴？

謝建泉：

在病人臨終時，醫生要運用很高的溝通技巧向家人解釋，等他們同意，還是快快手做齊所有維生措施？前者更困難，投訴是很難處理的。

我退休前曾經遇上三姊妹，吵得差不多要向電視節目《今日睇真D》投訴：她們是一位末期癌症病人的女兒，投訴醫生在母親臨終前沒有救她，說她的生命長一分鐘，甚或是一秒鐘都是很重要的：「病人不是你的母親，所以你覺得搶救並不重要！」

她們投訴的是我們其中一位最好的醫生，那位醫生不知怎樣回應。一位其他科的醫生就說，以後不會理會這些維生措施是否有用、會否影響病人不能自然離世，也不用說太多，把事情全部做了，你就不會投訴我，乾手淨腳。

胡金榮：

在我們醫院，醫生會主動去勸家人，不要再做那些無效的急救。病人當時能夠自己表達是最好的，不過大部份情況都不能直接問病人，這時候家屬未必能夠放手，因為要面對失去至親的哀傷和悲痛。

所以紓緩治療很重要，團隊除了醫生、護士，還有社工、臨床心理學家等，在病人還可以作決定時，幫助他們，教他們怎樣面對那一刻的來臨，希望這些幫助，不要等到病人過身的一刻才發生。其實許多家屬也是我們的好戰友。

病人最後一程的選擇

醫到死

用盡所有方法治療，例如癌症試遍所有藥物和實驗療法、腎衰竭一直洗腎、肺氣腫使用呼吸機⋯⋯就算器官最終衰竭心臟停止跳動，仍然用電、打針等令心臟恢復跳動。

拒絕治療

有治療的方法，但拒絕使用。例如一位長者發現有癌症，醫生相信仍然可以做手術或化療，但長者拒絕；四肢癱瘓的病人要靠呼吸機或導管餵飼，病人可以拒絕使用；一些病人因為宗教原因不接受輸血等等。

紓緩治療

治療的目標不是勉強續命，也不是刻意縮短壽命，而是減少不必要的痛苦，紓緩各種不適，有尊嚴地自然離世。

④

終止無效治療

一項治療是否無效,在醫學上是有定義的:狹義指生理上無效用的治療,實際在臨床情況,還要衡量治療對病人的負擔和好處,包括病人的生活質素、價值觀。例子是心肺復甦術對晚期高齡認知障礙症病人無效,可以終止或不需要施行。需衡量更多因素的例子,就如持續植物人狀況時,會否撤去維生儀器。

⑤

安樂死

要求別人幫自己自殺,這在香港是非法的,如果由醫護人員執行,刑罰比其他人更重。二零零四年已有一名香港人去瑞士,由協助外國人自殺的機構Dignitas執行結束生命。

當病人想自殺

4

紓緩治療專科醫生
杜雁碧 Dr. Anne Thorsen

一定有些問題，是醫生無法解決的，我們不真正認識病人，病人自己也要時間接受。

「這位老友醫生是我最尊重和最信任的醫生，如果有好親好親的人需要紓緩服務，我一定找她。杜醫生在香港工作三十年，她很熟悉香港，當她照顧病人時，那種仔細和細心很厲害。」謝建泉醫生請來心目中最信任的紓緩治療專科醫生杜雁碧 Dr. Anne Thorsen，她是挪威人，退休前在靈實醫院擔任紓緩治療科副顧問醫生。

兩人談到醫生最痛：病人自殺了。

杜雁碧：

我很記得病人Karen。Karen在內地出生，父母和弟弟一起來香港，剩她一人留在大陸跟嫲嫲住，她很早出來工作，差不多二十歲才來香港。有一日她踏單車摔倒，左手很痛，在急症室，醫生除了照左手，還發現肺部落雪似的，立即要進醫院。原來她患了肺癌，已經擴散去足部、大腿、骨、腦部，情況一直差，就安排去靈實醫院的紓緩治療。

我們希望幫她沒那麼痛苦，但她一見到靈實醫院，立即離開，她聽說靈實醫院好多人死。她也不肯再去其他醫院，我和姑娘就到她家。

第一次，她不讓我們入屋，我們改去餐廳談天。第二次，她讓我們進去，也見到她所有家人：嫲嫲、爸爸、媽媽、弟弟、弟婦、兩個小朋友，都擠在一個小地方。她終於肯來靈實醫院，我們很擔心她會自殺。她試過吃很多安眠藥，爸爸打電話給我們：「我個女唔醒番呀。」姑娘立刻叫他打999，十字車來了，Karen醒後很生氣，十日都不與我們說話。又有一次她在家放火，決定和爸媽嫲嫲一齊死，幸好剛有親戚到訪。

後來姑娘請Karen看聖經，她很喜歡裡面的故事，開始覺得不一定要自殺，原來在病裡，都可以開心，雖然身體是辛苦的，但情緒還可以。她最後是舒服地走。

你當我瘋了？

謝建泉：

當病人在某一個階段，對甚麼都很憤怒，或者跟家人關係好差，醫生能夠做甚麼？

杜雁碧：

一個醫生沒有能力做這些事，這恩典是來自上天的。我們當時希望Karen去見心理學家或者精神科醫生，但她堅持想死，不會見其他人。最後能夠安慰Karen的，是那護士。

謝建泉：

我的經驗也一樣，當病人很憤怒，理論上最好是找臨床心理學家或者精神科醫生，但病人不會去：「你當我瘋了？你想放棄我？」那首先你要坐下來，坐得很近，甚至把頭靠過去，與病人拉近距離。有些事即使最終醫生幫不到，但病人知道你盡力了。病人知道你關心，也許會肯說話，沉重的心情也就放輕少少。

杜雁碧：

一定有些問題，是醫生無法解決的，我們不真正認識病人，病人自己也要時間接受。

我記得有一個病人在病房背著我說：「我現在要死，不吃，不喝，甚麼都不要，甚麼都別跟我說。」我細細聲說：「你是否遇到困難？我很想你告訴我，看怎樣可以幫你。」病人沒理，之後雖有再對我說話，但我應該是講錯話的，病人聽不進，但我沒有停過嘗試問他：「今日點呀？」

一針打死我吧！

謝建泉：

曾否試過有病人直接說：「杜醫生，一針打死我吧。」

杜雁碧：

一定有。許多年前有一位四十多歲的女病人，因胃癌擴散，不能走路，進到醫院就問醫生：「可立即打針嗎？我無用，甚麼都做不了，讓我死吧。」我與她談，慢慢問她家裡有甚麼人。

杜雁碧：

她有兩個女兒，一個八歲一個七歲：「但我沒有用，不可以幫她們。」我回答：「你覺得做媽媽甚麼是最重要的？是洗碗嗎？我自己就不喜歡洗碗。是不是其他事？」她就說：「我病了，還有許多事沒有跟她們談。」

她本身是老闆，公司請了幾個人，她開始思考有甚麼想做，就想到請員工吃東西。當晚醫院同事幫她安排司機和汽車，讓她跟同事去西貢吃飯，回來後她開心很多，一直說話。她又說女兒想學鋼琴，我們就找來一座鋼琴。

這個病人後來對我說：「我唔會再問你做那些事（打針死掉）了。」能夠和同事吃飯，讓女兒接受她生病，她覺得自己「贏咗」。

那時醫院可以幫病人做許多這些事，現在很難做。

謝建泉：

很多時病人要求安樂死，我們最好不要回答反對安樂死的理由，變成辯論，不要跟病人講理，而是講情。病人把死當作出路，看不見其他的事。如果有安樂死，和同事吃飯、讓女兒學琴這些都不會發生。

一言不發就跳樓

杜雁碧：

> 我也有病人真的自殺，好痛，我覺得很難受，每次都會想為甚麼？我記得有一名三十多歲的男人，和他談天時很安靜，問一句答一句，沒提過想自殺，但一離開醫院，馬上找地方跳樓死了。

謝建泉：

> 有時我們最傷心，就是病人不出聲。早上回來覆診，第二天打開報紙就見到他自殺。「死喇！他覆診時我沒看到先兆？」我的心很不安樂。

杜雁碧：

> 我記得有一位病人，姑娘覺得不妥，請我去他家裡看看。病人七十三歲，看起來也很開心，甚麼都答好的。我和他談了二十多分鐘，才問他：「這陣子情緒如何？會不開心嗎？」「都有一點點。」他坦白說有點難過。「有無想過自殺？」我問。「你知道嗎？我昨晚打算自殺，我住在三十七樓，這裡最高的，還可以走上樓梯。但昨晚起身時，老婆醒了，所以我做不

到，我在等。但我今日見了你，不會死了。」

我馬上叫十字車，並坐在他身旁守住，他太太和女兒都跟著，到了醫院立即找精神科醫生。他有抑鬱。

一個月之後，他是真的開心了，每天跟太太飲茶，再過了七個多月才過身。想想，如果他選擇跳樓，太太會怎樣呢？女兒會怎樣呢？

謝建泉：

當病人說出想自殺，並且有實行的方案，一定要小心。當病人嚷著「我想死！我想死！」唔係好「大劑」，但當有自殺的計劃，還要告訴你，那一定要留神，不能讓他有機會自殺。

醫院變了？

參加者：

你們講的醫院很好，但我們要非常幸運才可以遇上。

謝建泉：

我也試過自己要住醫院。雖然我七十多歲，但英文不差，聽到醫生巡房用英文討論病人，最慘是談的不是好事，行為和態度都要不得。

杜醫生會在病人旁邊拿椅子坐下，可是現在似乎不可行，沒那麼多時間，怎去平衡？

47

杜雁碧：

我一星期只有一次可以坐下，不能天天，但新的病人我都會坐下談。我不需要姑娘在旁，她們好忙，我好長氣。

謝建泉：

其實只需要長氣一次，病人的信任就大大增加，肯交心，很值得。

參加者：

杜醫生你在香港做了三十年醫生，會否覺得醫院不同了？沒有醫管局之前，可能可以上門看病人，多久都可以，但現在的制度，不再可以這樣做？

杜雁碧：

是有改變的，但也要看部門。如果急症室有一百人在排隊，怎可能一個人有半小時？但我在紓緩治療科，新病人平均都會有四十五分鐘了解情況。我自己會用上一小時，這樣我覺得比較可以做到事。

謝建泉：

要改善香港紓緩治療服務的唯一出路，是社區更多護士診所，特別是讓紓緩治療專科護士在社區，老人院全部有足夠的護士；留在家裡的，亦有足夠的home care nurses上門，有需要才找醫生。病人留在熟悉的地方，不用時時衝急症室。

醫生需要團隊

謝建泉：

紓緩治療其實很多時是「大劑」的，翻譯大概是 physical and emotional hardship，許多衝擊。你會遇到一些事不安樂，或者覺得後悔，自己做得不足。

杜雁碧：

我選這一科，是希望照顧病人。見到病人和我一樣有孩子，卻快要離世，我自己也很傷心。我會捉住一個姑娘，入房講我心裡所有的事，把我的「垃圾」丟掉，不能把這些事帶回家，影響家人。有兩三個姑娘是我的好朋友，聽了不會說出去，我們也不會提到病人的名字。

謝建泉：

我自己會找我的老友、神父、修女。總之紓緩治療不能靠個人，而是要團隊。

杜雁碧：

一個人不能影響所有的人，所以我們要一齊做。我會每晚游水，有時在水裡潛很久，放鬆了，才上水，很慢很慢地游。我猜每個人都會找到減壓的方法。香港很忙，但一定要「錫」自己，「錫屋企人」。

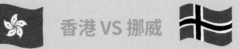

香港 VS 挪威

杜雁碧：

我一到病人家，女兒就先拉我入房說：「你不可以說我阿媽有病，她聽到一定會嚇死。」我回答她：「我在這裡聽你說話，就沒時間見你媽媽，不如我們一齊談好不好？」

媽媽七十三歲，我問她甚麼地方不舒服：「你自己知唔知自己有咩病？」她馬上答：「杜醫生不用了，我知道這種病不會好的，現在時間很短，我希望你可以幫我：第一不要那麼氣促，讓我不要太痛，可以睡覺；還有，最後我要進你的醫院舒服地走。」

那女兒很愕然。很多時大家不懂得和家人談，後生的不懂和老人談。我是挪威人，如果我把病情告訴家人，瞞住病人，病人可以告我呢。但在香港，子女卻希望我不要告訴病人。

大家對老人，對小孩，對任何人，都要想清楚才說話。我有一位同事，她七歲時，人們告訴她媽媽去了加拿大。同事一直寫信，沒有回信，打電話又不聽，直到十八歲家人才告訴她，媽媽當時過身了。同事很生氣，這麼多年都以為自己做錯事，媽媽才丟下自己。有些病人要我瞞著孩子，媽媽生病了，也等考完試才說，結果等到考完試，媽媽已經走了，這影響更大。

如果病人本身不希望知道病情，也會直接告訴醫生：「我不想知道。」醫生就知道怎樣做。否則大家坦白說出來，心情會舒服一點的。

醫院
最危急的一刻

香港急症科醫學院前院長
何曉輝醫生

可能看起來很亂，但醫護人員心裡是不能亂的。

香港急症科醫學院前院長何曉輝醫生每天在急症室，面對的是分秒必爭的生生死死：「『好死』是我們醫護人員怎去看？病人怎去看？抑或家屬怎去看？我時常覺得是家屬怎樣看。」

何曉輝：

十多年前遇過一名三十多歲的男士，很高大，我估計有六呎高，可能有精神問題，家人很擔心，召十字車送來醫院。這種情況一般會先評估，送到一間獨立病房觀察，若有需要轉去精神科醫院，要先辦手續，等法官簽署。可是病人在病房，一腳就把房門踢開衝出來！幾名男護士都捉不住，同事連眼鏡都被撞至飛走。

那男士衝出醫院，「嘭」一聲從橋上跳下去，那橋大概有一層樓高，他沒死，但嚴重受傷。我當時負責急救，其間這男士突然沒有了脈搏，左邊肺和胸腔嚴重創傷，我們馬上找外科醫生開胸一好在急症室剛裝修完可以做手術，讓病人恢復脈搏。這經歷很難忘，由一位精神科病人變成嚴重創傷，如果早半年發生，急症室沒有新儀器，他很可能會死。他留醫幾星期，康復後再送去精神科醫院。

心裡不能亂

謝建泉：

> 急症室的病人種類很多，例如遇上大型災難。會七國咁
> 亂嗎？

何曉輝：

> 可能看起來很亂，但我們心裡不亂的。因為大型災難一定混
> 亂，但我們有計劃，平時一年還有一至兩次演習，讓大家清
> 楚自己的崗位。通常其他部門同事會來急症室幫忙，一名急
> 症室護士就帶著一名其他部門護士，外科醫生、骨科醫生、
> 麻醉科醫生亦會各就其位。
>
> 　而同時，急症室也會有其他病人，例如十字車仍然會送
> 心臟病人來，所以還要預留人手處理正常來急救的病人。
>
> 　在一九九六年嘉利大廈大火後，死因裁判官作了一個
> 指示：重大事故時，醫管局和民政事務處等會在現場安排
> helpdesk，方便市民查詢，醫院本身也會特設詢問站。如果
> 在機場發生事故，會送病人到不同的醫院，就會用中央電腦
> 系統聯繫，可以指引家人去不同的醫院。
>
> 　有些大型事故其實並不是那麼「大」，例如校巴撞車，
> 十多二十個小朋友送院，但都是比較輕微的，接著許多家長
> 都會緊張來到，我們會盡量把他們集中在一個位置診症，這
> 些通常都是輕傷，問題應該都不大的。

媽媽要回家

參加者：

二零一四年農曆年三十晚媽媽入醫院，情況不太好，但她的心願是回家，年初七就陪她出院，但不幸初八暈倒要再送院。我很憎那位急症室的醫生，他問我：「為甚麼你要同你媽媽出院呀？現在你阿媽情況這樣，應該要負責呀！」我當時很傷心，不停哭，不停哭。

媽媽送上病房，要吸氧氣。二月十四日她血壓突然急跌，我請醫院打強心針才回升。我們全家來到，我很想留在床邊，但醫院不許，當時是禽流感，探病時間很短。

我只能回家。早上六點姑娘打電話來，說不行了，我趕到醫院，媽媽已經走了。我不知道禽流感是否真的那麼重要，那晚我也估計媽媽可能不行，很想陪她過夜……（哭）……但姑娘不讓，第二朝我已經見不到她。我很遺憾。

謝建泉：

你在急症室遇上那位醫生，雖然不能說是錯，但聽到就很淒涼。中國人很重視陪伴，真不好意思，我覺得那間醫院令你那麼辛苦。

何曉輝：

香港經歷過沙士，醫療系統改變了，禽流感的死亡率比較高，醫院比較緊張。如果護士跟醫院的嚴格規定，在病人和家人角度，會覺得不近人情。但護士沒有做錯。

我記得小時看醫生，醫生通常是不出聲的，我們最初出來當醫生，也不多說話。我就是以為做醫生不用出聲，才做醫生，可是現在大家都知道，溝通很重要，有幾個專科醫生試都要考溝通。

問題是醫生不懂溝通，或說不是天生識溝通，通常醫生最叻是記性好，skill叻，但溝通通常比較差，所以是要教。希望訓練加上評核，可以令到醫生懂溝通。

廖進芳（生死教育學會前會長）：

我由另一個角度去看那位急症室醫生，他著緊病人，才會問為甚麼帶走她？他看重病人的健康和生命，這份焦急變成責罵，聽進家人耳中，一定不好受。

而護士在病房是很獨特的角色，是照顧者，要關愛的；但又是管家，要平衡那麼多方面的利益。香港病房很逼，所以決定要家人回家，親情要放下。如果有同理心，可以說：「唔好意思，我都好想你留，但因為這樣，對不起。」那家人聽了可能好過一點。

廖進芳：

護理是一種藝術，每次有新同事入來，我會問：「如果你是病人的家人來探病，最想知道甚麼？」通常新同事會答想知血壓多少？我會反問：「真的想知血壓多少嗎？」用病人家屬的角度去想，可能只想知道好了，還是差了？如果病人是我家人，我會這樣想，那我便會這樣做。

回應剛說的情況，有一點也很重要的，就是當媽媽要求回家，家人真的帶了她回家，這對媽媽是重要的。

參加者：

我在私家醫院做護士，探病沒有限制的。我也替很多病人做心肺復甦術：有一位五十多歲的病人，是「搓住」上病房的。丈夫一直拉著她的手，雖然我們亦建議急救時家人要離開，但那一刻打開衣服，已經知道她救不回來，就沒有叫那丈夫離開。丈夫不斷說，這是他第二任太太，答應要讓她過好日子，但一結婚就發現她有事。

我一路搓，一路哭，整個口罩都濕了。我會覺得自己在幫助病人，亦是幫助這一家人，救不了病人，但丈夫以後會否舒服一點？他沒能給她好生活，但陪著她到終點。有一刻也會想，這是對的嗎？醫院規定家人要離開，但直至今日，我仍然覺得對得住自己的心。

規矩與人情

參加者：

> 我幾年前在急症室做文員，工作彷彿負責「趕客」：「滿額了，麻煩請出去」、「夠鐘了，請出去」、「急救緊，家屬麻煩出一出去」；甚至連警察帶犯人來，也要說：「唔好意思，你都要離開」。他們都希望可以望到病人，其實我明白，但護理指引更重要是防止感染。我們面對家屬的要求，是很渺小的。
>
> 還有看到有些護理員姐姐對死亡相當忌諱，會嫌遺體「大吉利是」；死者的事，大多都推給警察，只求將遺體盡快送走，連停屍間也無人願意去開，讓家人見最後一面……這有對人甚至往生者的尊重嗎？

參加者：

> 怎樣才可以「好死」？爸爸十多年前心臟病，救護車從家裡送去醫院，當晚就過身。我趕到醫院急症室，第一眼的感覺是他應該做過心外壓，不能安然平躺。晚上在病房，爸爸的生命迹象很微弱。護士問家人還想急救嗎？我們只能有一個答案，就是想，我媽說：「是的，希望盡量急救。」
>
> 於是我們站在病房外，很快便聽到應該是爸爸一聲大叫「呀」一聲，見到一個護士好像很慌忙地做事—整個過程如果可以再選擇，能否改變？

何曉輝：

「好死」是我們醫護人員怎去看？病人怎去看？抑或家屬怎去看？我時常覺得是家屬怎樣看。

我們接觸病人，是看他們的病徵，例如氣是否很促？是否很多痰？甚至痛苦的感覺，這醫護人員比較易做，因為藥物是可以幫助到的。但許多時，最難處理的是每個家人都不同。家人怎樣知道病者覺得好抑或不好呢？例如到了最後，究竟餵不餵食物呢？有些家人尤其中國人很堅持餵，不能吃，也會插胃喉，其實是不舒服的。又或者鹽水，有些家人會問為甚麼要吊鹽水？有些又會問為甚麼不吊鹽水？家人感覺病人很辛苦，見不到病人，就相信他一定很辛苦，其實更多是在說自己的感受。紓緩治療也包括家人，急症科醫生首要是救病人，家人不用救的嘛—但原來醫療不只是一個 task，要處理周圍的人事。

對於病人，我們責無旁貸要做得好好，我相信不難，只要灌輸一些知識和能力給醫護人員，可以做到的。但處理病人家屬就完全是兩回事了，我們的醫學教育很少培訓。有些醫生永遠都不會覺得重要，無論幾有經驗、無論公營私營，是個人問題。

有計劃不執著

謝建泉：

面對這麼多生生死死，會否影響你的人生觀？

何曉輝：

世事無常，我的人生觀是不要那麼執著。上班時見到不少意外，太太和小朋友突然就不能再見到爸爸。執著是為了甚麼呢？許多時是因為一些規矩，規矩定了以後，不跟從就有問題，可是人都要走了，有甚麼規矩呢？所有事都跟規矩，就沒有人性了。

剛才説醫院不許小朋友進病房，其實我們的病房，任何人都可以入，小朋友也可以，我覺得要平衡的。見得生死多，尤其是突然死亡，變得不再執著。

而一些慢性病病人來到醫院，其實可否提早計劃？家人會痛苦，要家人和醫護人員決定救不救，對家人是很不公平，尤其有多個家人，一個決定不救，其他的會問：「咁你狠呀？」

最好是病人之前已經講定，家人就不用吵。如果你已知自己有些病痛的話，最好早些交代。

剛才有些朋友説醫生或護理這個行業，我想有些人是當工作，有些人當事業。只是當一份工作，那可能沒有錯，沒有犯規，不是探病時間就不許探。不過，作為一個事業，或者一個人，就有不同的做法。

深切治療室 說再見

6

深切治療部資深護士
陳詠妍

> 我們醫護人員做到的，
> 是用我們的愛心。
> 要很小心去捕捉
> 家人和病人的心態和想法。

「大家都好驚深切治療部（ICU），一個家屬聽到自己的親人入ICU，是會害怕的。」深切治療部資深護士陳詠妍解釋：「ICU的病人分兩類，一類是急性的，例如情況突然轉差；另一類是做完大手術，流血較多，但是在預知的情況下送來。ICU並不是入來後就出不去的，平均九成病人可以離開，約一成病人過身。」

謝建泉：

很多家屬都覺得，ICU 最慘是有許多規矩。

陳詠妍：

我最難忘是幾年前一個很年輕的女病人，駁了人工心肺，那是一部體外裝置，透過血液循環令心或肺運作。她病情反覆，最後靠這機器吊命。有一日她突然開聲說話。我問她：「其實你自己覺得怎樣？」她聲音好弱，說了三個字：「我想死。」

她不是想自殺，而是覺得太辛苦了，她已經把後事向姐姐、妹妹和媽媽交代，無憾了。我猜她的意思是想有尊嚴地走完人生這一程。我請她的家人來，大家都同意第二天早上停止人工心肺機。下午我問她妹妹：「姐姐平時貪靚嗎？」「好貪靚的。」「那你帶化妝品來，幫她化個靚妝才走，或者帶她喜歡的衣服，走時漂亮一些。」妹妹說好，我還建議帶兩套衣服來讓姐姐選。

陳詠妍：

妹妹替姐姐化妝，換不到衣服，因為太多儀器，接著病人問我可否吃雪糕。其實她已經請求了許多天，我呆了幾秒：「真的很想吃？」「是呀。」我解釋醫生指示是不許吃的，但最後還是請家人買。那是一杯小小的雲呢拿雪糕，我請家人餵，沒想到家人說：「姑娘不如你餵！」妹妹還暗地裡用手機拍照。姐姐只是吃了一小口，就不再吃，她很滿意，把眼睛合上。接著她媽媽到了，她輕微動一下，但沒有再睜開眼睛。她的身體開始變差，當晚醫生決定停機，無謂令她再受苦了。

謝建泉：

如果有朝一日我要住ICU，要指定找你！這樣才有人情味！到最後日子，你想想，這樣不准、那樣不准，是否就能幫助那位病人生存下去呢？

我還記得有一位病人是潮州怒漢，到最後日子，他太太每天都煲金錢龜，他一聞到就嘔。他因為嘔吐來看我，我看不到他身體有特別問題導致嘔吐，就問他想吃甚麼？潮州人就愛滷水鵝！我叫他一次別吃太多，先吃一兩塊，結果他吃了五、六塊！可是他很開心，我就對他太太說：「他已經是末期病了，為何還要逼他吃那些？」

家人送最後一程？

參加者：

有些家人以為ICU的照顧最好，不想轉病房，怎樣去面對
家人的期望？

陳詠妍：

這在香港經常發生，要有計劃和家人談，不要一下子就轉
走，除非那位病人情況非常穩定，可以轉去普通病房，否
則家人接受不了要離開。早幾天預告要轉去普通病房，因為
ICU床位比較緊張。一次兩次三次，讓他們先有心理準備。

有一年農曆新年，年初二或初三晚，我返夜班，有一
位病人心跳一直跌，其實他情況持續惡化，家人已陪了許
多天，沒吃年夜飯一直在醫院。那天他們說想回家吃一頓
飯，大家都已經很累，我就說好。誰不知家人離開不久，
病人的心跳便開始跌，我馬上叫家人回來，結果家人來到
病人已經走了。家人尤其是老伴大哭，說送不到他走！哭
得呼天搶地。

「病人沒有孤伶伶一個自己走，我們在這裡陪著他。我
陪著他、醫生陪著他、姑娘陪著他，他不是一個人走。」家
屬才稍為安定下來，家人最關心是病人走時無人陪，好孤
獨、好淒涼地走。但我沒有說謊，我們全程都在病人身邊，
還有，病人也可能是選擇當家人不在時才走。

謝建泉：

這是真的，約百分之五至十的人在過身時，不希望家人在自己身邊。在場誰在臨終時希望自己的摯愛在身邊，請大家舉手。不希望任何親人在身邊的，請舉手。你看，也是這個比例。所以不排除病人過身時，想自己靜靜地走。

陳詠妍：

要很小心去捕捉家人的心態和想法。有位婆婆證實腦幹死亡要拔喉，家人本來站在旁邊等心跳停止，但突然要走。他們說：「媽媽最靚的那一面，已經在我們心裡面了，不想見到最後那一刻。」他們帶來了媽媽最喜歡的小背心，讓我替她穿上。這種時候，每一個家庭每一個人，那一刻的需要都可能不同。

凡有家人過身，親屬必定傷心。你不能立即拿走他的傷心，醫護人員已經盡了力，但我們不能夠說這樣做，家人便會哀傷少一點。不會的，任何一個人見到摯愛死是一樣的，那種淒涼程度我自己知，沒有人可以拿走的。我們醫護人員做到的，是用我們的愛心。

如何好死?

參加者:

我看了一本書,作者過往三十年都在照顧臨終病人的靈性需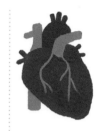要,讓他們最後可以安詳地離開,感覺很圓滿,很寬闊,很愉快。公立醫院能否容許一個人臨終時,邁向這種「好死」?

我爸爸十多年前心臟病過身,當時護士問我:「救不救?」我們當然說救,但現在回想,這些急救,會否影響最後一程?

陳詠妍:

爸爸之前有沒有講過其實他自己想怎樣的?到生命最後一刻,他是想舒服一點,抑或怎樣?

你自己在心裡有答案便可以了。我覺得「救不救」這事,如果將這個責任交予家屬,是不公平的,變相由家屬決定「是我救不救我家人」。但醫生和姑娘清楚知道這些急救程序,對病人最大利益是甚麼?是否延長他的辛苦,「搓人」時,是有機會搓斷肋骨的。

我也試過問家人:「其實你理解你的家人,他有沒有說過想怎樣?」有些家人會答我:「他想舒服,不想受那麼多苦。」那我就會解釋做心外壓,不過延長了生命的痛苦,不如讓他舒服地走。

謝建泉：

我做了這麼多年醫生，很怕純粹問家人需不需要急救。預設照顧計劃（Advance Care Planning）就是家人之間的溝通。我一早告訴太太不要搞東搞西，最緊要我舒服一些，家人之間有共識，就不用家人決定，這可以很淒涼，成世人都話自己：我不救老竇。

但「好死」不止是臨終這刻，之前還有自己的人生是否圓滿？回顧一生，生命有沒有意義？有沒有遺憾？

更看重家人

陳詠妍：

死亡是人與人之間在地上一個永遠的隔離，沒辦法再見。即使我們說他留在你心裡，會記得起，但實實在在是已經見不到。

深切治療室的工作讓我更加著重和家人之間的關係。曾經有一位小妹妹，爸爸從馬來西亞回香港時，在街上爆血管暈倒，很嚴重。我問小妹妹：「如果爸爸真的不行，那你會怎樣？」她第一次答：「不要跟我講這些事，我不聽，我爸爸會醒來的。」但第二天，她對我說：「我都知爸爸不行了。」

「不如你帶爸爸的衣服來？」我說。小妹妹還帶來一條手鏈，希望能陪著爸爸。

在外國會讓家人一起參與清潔遺體，雖然香港文化不習慣，可是深切治療室特別多管子和儀器，家人見到額外難過。我會預備一把梳，放下兩條小毛巾，邀請家人來替遺體抹面和梳頭，如果病人是男士，會留下鬚刨，幫他剃鬚。試過有媽媽想幫女兒穿衣服，但因為遺體皮膚太爛，怕媽媽看到後不舒服，我就留下胸前的衫鈕讓她來扣，讓她有份參與。

我知道這是家人最後的接觸，去到殯儀館已經不容許的了。

最後的房子

病理科醫生
陳雙煒

我經常覺得一個醫院如何處理驗房，就可看到善終服務的高度。

「最後的房子」是來自病理科醫生陳雙煒媽媽一句說話：「當時我當上了病理科醫生，媽媽以為我不是當醫生，因為只會對著死人，當我問媽媽到底知不知道驗房是怎樣，她說：『沒有大不了，也只是人於世上最後一間房子，每個人都會死，都會經歷這最後一間房子。』」

謝建泉：

在座有誰去過殮房認領遺體？去過公立醫院認領遺體？私家醫院呢？我從七十年代到二千年代都去過這些的殮房，以前醫院的殮房，我作為醫生進去也會打冷震，真的會影響胃口，所以我不知道你們的經驗是如何。

參加者：

我覺殮房顏色很恐怖，太光。

參加者：

九十年代的時候，我也有去過公家醫院，遺體是放在地上。

參加者：

我的家人離世是兩年前，馬上就打包，我非常不捨，但沒有辦法。醫院的人很麻木，不會顧及家屬的感受。

參加者：

我做兒童工作，在兒科醫院送過一些小朋友離開，醫院可能對兒童比較好，會給他們一間小房間渡過最後的日子，離世後也有空間和時間不會即時打包。如果兒科病房的處理可以在放在其他病房，家屬的感受會不一樣。

參加者：

我不知道原來在殮房可以去看家人，等了三十天後，發現他的衣服沒有更換，還插著喉管，好像三十天都沒有人理會過他。

謝建泉：

我不知道是哪一間醫院，但正常的做法一過身，護士就會拆除身上所有喉管，所有傷口一定會貼好膠布，還會問家屬會否希望一起清潔遺體，如果知道病人即將過身也會詢問家屬會否想帶病人的衣服來更換，護士更會教我如何

讓死不瞑目的病人合上眼睛。你發生這件事是
哪一間醫院？

參加者：

二十年前威爾斯醫院，那時候病床佔用率是
150%，但當知道我親人就快離開的時候，也
留了一個很好靠邊的床位給他。

參加者：

我們護士很注重這些，以前年代會紮手紮腳，
現在沒有了，還有如果家屬來見面，也一定會
替先人梳頭，還有會用一些方法幫先人合上眼
睛和嘴巴。以前說要塞住所有洞口，但現在也
不會這樣做，會抽乾體液才處理。

謝建泉：

伊利沙伯醫院在二十幾年前第一次進行大改
革，政府給了小小資助，醫院再找到一位佛教
出家人出錢，讓殮房裝修得不像公立醫院一
樣，十幾年前他們再做一次。

殮房是墳墓？

殮房的拉丁文本身解作「墳墓」，這是人對於殮房根深蒂固的形象，很負面。殮房其實分三個部分：大醫院會分家屬區、存放遺體區、解剖區，因為有不同的防感染措施系統和區分工作限制，例如解剖區高度防菌，空氣不會流到家屬區。

病理科醫生VS法醫

病理科醫生分很多種，我是出入殮房那種；而出入殮房也有兩種醫生，一種是解剖學醫生在公營醫院工作，一種是法醫在公眾殮房工作。公眾殮房會接收在醫院以外死亡的遺體，可能牽涉更嚴重的創傷、非治療的死亡，例如謀殺；當病人一進入醫院即時死亡，未經過登記，也會送到公眾殮房處理。

　　公營醫院的解剖學，通常有關醫療控訴或者死因不明確，我們作為解剖學病理科醫生，解剖槍傷等會不及法醫，也不會見到腐屍，相反因為針對疾病會學習較多病理，並且在解剖遺體外，還會處理手術切除後的器官，透過顯微鏡分析病變等等。

由病房到殮房

陳雙煒：

大家都知道殮房是存放遺體的地方，當病人離世，就離開了整個醫療系統，醫療服務就會從那一刻開始完結，這是我九十年代讀書時候的想法。殮房在近幾年很多改變，新建的醫院也很重視殮房。當初想改變發展的時候，適逢陳曉蕾出了《死在香港》這本書，很多啟示，在殮房發展上她出了一分力。

死亡不是從殮房門口那一刻開始，而是從病房一過身開始，整個過程也需要顧及到，否則的話親屬會對醫院的感覺不好，我經常覺得一個醫院如何處理殮房，就可看到善終服務的高度。

病人在醫院過身後會送到殮房，每一個遺體會分配到一個格數，然後由親屬領取遺體，這是最常見的做法。幾年前有澳洲專家來，當時我們還未重建殮房，他見到一百個櫃便嘩了一聲，他說澳洲醫院殮房不足十格，平均遺體只會逗留八小時，他們殮房的角色真的只有存放遺體。但香港不一樣，在香港一個遺體擺放於殮房的時間平均是二十日，一日未火化遺體，還有很多事情未完成，在這二十日內殮房的角色是什麼？有一些家人趕不切看最後一面，也可以到殮房要求瞻仰遺容；還有器官捐贈，例如眼角膜，還有大約十份一個案需要經過死因研究。

陳雙煒：

大部分大醫院都有一個小禮堂，進行簡單告別儀式，然後直接送去火葬場，這叫做「院出」服務，那就不需要經過殯儀館，大概二至二成半家人會採取對這個儀式，相信隨著家庭人數越來越少，這個服務的需求會增大。在香港超過九成人也死在醫院，除了一些送到醫院已經宣告死亡，會送到公眾殮房，大概八成會使用醫院殮房。

現在說解剖，一類是關於死因裁判庭個案，死者牽涉需要申報的二十種死亡個案，臨床醫生就必需要呈報，然後由病理科醫生決定是否需要解剖找出原因。另一種是研究的臨床解剖，醫生需要詢問家屬會否願意，家屬有權不簽署同意書。

曾經有一個病人在公廁裡暈倒，送到醫院，透過電腦素描是腦出血，正常情況下可直接出死亡證，但醫生看到情況有點特別，於是詢問家屬會否願意解剖，當打開頭蓋發現頭骨碎裂，不排除是被襲擊所致，馬上變為死因庭個案。後來警方調查沒有財物損失、身體亦沒有其他傷痕，但警方在廁所角落發現死者的一些頭髮，估計他是在洗手時跌了假牙，伸手去拾假牙時撞到。

又曾經有一單交通意外，一輛私家車與的士相撞，私家車和的士司機當場落了很簡單的口供，然後私家車司機昏迷，送院後身亡，醫生本身以為是一宗很簡單的交通意外，但經過解剖後，發現私家車司機其實是左腦中風，他的確很用力的踩腳掣，但腳沒有受到控制，解剖就這樣釐清了整個事件。

最難爭取資源

謝建泉：

> 坦白說，如果一間醫院要爭取資源，殮房的優先度是最低，還有，這個世界是鬥惡，很多新醫院試圖為每一間大病房都設一間獨立的病房在出面，讓垂死的病人使用，也爭吵不斷。

陳雙煒：

> 我們已經爭取改善，先人由病房到殮房，家屬多數會陪，如果這段路不作修飾，會很難受。新醫院已經不再叫殮房，爭取不要在地牢，例如加入自然光和綠色植物，可以舒緩病人的情緒，又可以安排卡讓病人家屬寫低心中的說話。之前這只是醫院處理遺體的地方，但我認為這應該與社會有聯繫，例如生死教育。

參加者：

> 我也想分享：當醫院交還我爸爸的遺體，我見到爸爸整條布都是血水，口也張開了，心很難受，其實醫院將遺體交給其他人這方面是否可以做得更加好呢。

陳雙煒：

二零一五年我們曾經問過家屬意見，家屬對遺體的狀況感覺
滿意度最低分，但這要管理期望。遺體放了很多天後會變
化，例如出水、皮膚腐化，家人看到很難受，可是這是自然
退化，當肌肉有不同程度的繃緊或鬆弛，嘴會張開。

除非家屬來認領遺體時，由殯儀館的人帶衣服來更換，
否則我們殮房的員工不會更換，我們也不會清潔遺體，當然
在出遺體前我們需要整理儀容，如果是牽涉死因裁判庭的個
案，有些喉管是致命的原因，護士也不會拆除，直至做完解
剖為止。

現在的遺體如果超過三十天我們需要檢查，因為怕遺體
會發霉，但就不會拉開清理整個身體。

員工受培訓

參加者：

我有一位朋友陪爸爸離開時，護士沒說什
麼，朋友沒想到最後是送遺體去殮房時，那殮
房職員一直陪伴和安慰她。今日所討論的都
是硬件的改善，軟件例如職員會不會有一些
想法？

陳雙煒：

> 這聽到很振奮，殮房的員工需要有這種心腸，我們也會安排
> 一些訓練給職員，但有時候他們見到很多遺體會變得麻木，
> 忘記要照顧生者。我們可以建構一個更好的環境，例如落地
> 玻璃，有陽光的地方，讓他們的心情也不會太沉重，讓他們
> 不要只看到死亡，也看到生者的需要，這是眼光轉移，我們
> 也會在殮房設置了一些捐贈樹，用以鳴謝捐贈器官的死者，
> 他們出入殮房會看到這些心機，讓他們的眼光不止在死亡，
> 這樣會很容易忽略生者的需要，這是環境與心靈的結合，讓
> 他們慢慢知道自己的角色。

參加者：

> 不同的醫院也有院牧和義工，但他們比較多出現在病房，或
> 者殮房可以有一個輔導的人物，這種服務能否從病房延伸到
> 殮房？

陳雙煒：

> 其實院牧也很活躍於殮房，很照顧親屬的需
> 要，由病房跟他們到殮房。殮房有義工是好
> 建議。

如何
防止醫生崩耗？

紓緩治療專科醫生
胡金榮

紓緩治療專科護士
吳樂欣

醫生自己也會感到很累很疲倦，不知怎樣可以再去幫忙，沒有甚麼可以重整自己。

「三成公立醫院醫生都 burnout，工作到了一個地步，已經做盡。」紓緩治療專科醫生胡金榮說。

紓緩治療專科護士吳樂欣說自己最大紓壓方法，就是和家人一起。

胡金榮：

> 香港很多醫生，可能是整個醫療制度，其實都burnout（崩耗），只是不敢問，不敢面對。已經有研究指公立醫院接近三成醫生崩耗，尤其是那些需要通宵、年資約八、九年那一批同事，情況非常嚴重。
>
> 工作到了一個地步，已經做盡，人覺得很乾，在公立醫院裡已經不是在服務人，而是處理個案。急症室醫生每日也要處理十個自殺的病人，當醫生做到非人化，有時會覺得：我這樣幹下去，為的是甚麼呢？
>
> 今年我有許多同事離開了公立醫院，原因並不是因為忙、怕通宵，而是已經工作到一個地步，不知自己為的是甚麼。許多護士都是因為這個原因而離職，真的走了許多人。政府請不到足夠醫生的原因，就是因為醫護人員都崩耗。
>
> 我們現在常說醫護人員需要有同情心，也是很痛苦的，許多時候我們想幫人，又想照顧人，但都只能照顧到一個地步而已。我們自己也會感到很累，很疲倦，不知怎樣可以再去幫忙。這情況尤其會發生在年資不短的同事身上，不斷地工作，沒有甚麼可以重整自己。
>
> 大部份研究都指出，崩耗和同情心的問題，都是與系統有關的，不是個人，而是整個系統非人化。坦白說，剛才提過政府會有紓緩政策，其實最後人手增多了，是令我們有更多時間去聽病人的故事，談內心的說話，還是要我們多做「幾盤數」，規定我要見多少個病人？

七大減壓方法

胡金榮：

政府想知道的，不是你對病人有多深入，而是你接觸過多少病人。面對這樣的制度，是無能為力的，當大部份紓緩治療服務由政府提供，我們醫護人員能做的，就是保護自己。

第一件事，真的要放鬆一下自己。許多時我碰見一些醫生五時下班，但十一時還沒有走，有些同事甚至是凌晨二時、三時仍在醫院。加班是因為還有許多報告、報表要做。其實今天是我的假期，本來不用上班的，但我來之前，也在醫院做報表，連午飯也未吃。許多時候我們醫護人員都很想幫人，可是忘記了怎樣休息，忘了怎樣暫時放下工作。

第二件事，要多點做運動，運動使人快樂。我時常提倡每間醫院都該加設一間健身室，因為醫護人員都沒有運動，都被困住似的。

胡金榮：

第三件事，當我們已經無能為力，可以去找你的朋友、同事或者同學，朋友聚舊是很重要的。

第四件事，我現在還在努力學習中，就是要學習SAY NO，學習對老闆或上司說不做，不想做，讓我休息一下吧！這很難做到，但沒辦法還是要推的。

我們時常說在紓緩治療科，最幸運的是整個團隊在工作，當我知道自己狀態不佳時，會告訴團隊成員，各人便可以暫時分擔自己一部份工作。

第五件事，放工後需要充電，我們不是繼續進修，便是繼續教學，或者繼續寫報告，能給自己的時間很少。我個人的充電是看電腦！

第六件事是毋忘初衷。重拾初心是很重要的，我自己也有些擔心，醫院其實越來越多紓緩治療服務，同事人數多了，然而你問為何做紓緩治療科，有些回答是被派來的，這會很辛苦。

向高層爭取

吳樂欣：

我除了這些，還會跟子女玩，他們一個小二、一個中二，看見他們我就不辛苦。丈夫看見我開心，也沒問我為何要做紓緩治療科。

謝建泉：

這些東西真的要齊備，我到退休，幸運地不止齊備，還有許多許多。我還多了第七件事：就是向高層爭取。爭取不到不要緊，爭取再爭取，漸漸他沒法不聽你說的，尤其是當你快退休的時候，可以加大力度！

胡金榮：

我是選委，特首選舉時，我們有表達因為人口老化，希望政府增加人手，增加資源。換來現任特首一句很簡單的回應：有錢便可以了。事情是否可以純粹用錢解決呢？不是的，因為背後其實需要許多時間和心力。

香港病人是很弱勢的，沒有辦法，亦沒有機會透過選票去為自己爭取甚麼，這是很悲哀的，我們有許多功能組別，但沒有一個組別是為病人發聲。我們七百萬人皆是病人，為甚麼我們不可以為屬於我們的醫療制度去做些事？

最近大家都知道，政府說要前線人員用八分鐘看一個普通科門診。

謝建泉：

　　這簡直攞命！

胡金榮：

　　八分鐘！實際上，我許多朋友在普通科門診工作，可能每個症只能看三或四分鐘便要停止，原因是病人很多，看病的四分鐘，還要簽許多文件、表格、打印，有時連電腦和打印機壞了也要自己修。還有投訴文化，有些同事氣難下，很優秀的護士也離了職。一個這樣非人化的醫療政策之所以存在，某程度可能是因為我們整個政治環境已經好灰。

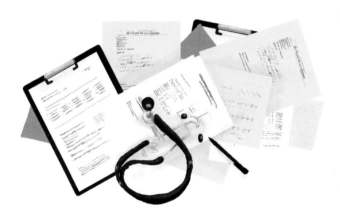

社區爭取服務

參加者：

　　從你們醫護的角度看，制度上可以怎樣去改，才可給香港人專業的服務？

吳樂欣：

我希望醫生在接觸每個病人時，都會問他如果治療未如理想，會否想接觸紓緩治療？那就可以早一點介入病人的療程，我們可以有多一點時間為病人多做一點事。同時我亦希望更多市民知道甚麼是紓緩治療，知道病情差的時候不是甚麼也不能做，也不一定會有不好的事發生，亦不一定只談死亡的。

胡金榮：

可惜是兩間醫學院訓練醫生時，放在紓緩治療的時間是以小時計，這是可悲的：如果醫生會因為沒看一張急症室病人的心電圖而被釘牌，為何醫生不用看到臨終病人的心靈需要？為何不要求醫學生去認識，疾病會影響社交靈性的需要？

還有，市民也可以關心所處的社區提供了多少紓緩治療服務。醫管局目前的服務並未包括所有地區，而癌症以外的病人，不易有服務─我們可嘗試寫信要求區議會關注這事嗎？可寫信要求你當區的醫院開設更多的紓緩服務嗎？

請回去你們以前入讀的中學、小學，鼓勵他們多講生死教育。校友的力量很大，鼓勵他們在校友會搞一些關於生死教育的活動。如果大家是兩間有醫學院的大學畢業生，請你回去捐錢，指明捐給紓緩治療科的研究。

這些改變，可能很微小，但可以帶給大家很大的改變。

分享生命故事

參加者：

在病房裡，有個案成功會令人很振奮，但有機會有許多不成功的個案。我們可以做些甚麼去支援那些同事？

在死亡的過程中，每一個同事都面對許多衝擊，需要面對自己，一樣可以令他們burnout。怎樣才可以站立得住，看得深一點，原來是可以跨越那一關的，繼續做下去？

胡金榮：

大家想想對上一次有醫生曾經幫助你，或者有護士曾經幫助你，那一點甜，我們記得去道謝嗎？如果你記得的話，今晚寫一封信去多謝他。你不要看輕這動作，就是這些信，令許多已經burnout，或在burnout的醫護人員重新站起來。

建立團隊很重要，也要用時間，隊員之間分享一些有感染力的故事，可以減低burnout。我們醫院的同事會分享生命的故事，在這些生命的點滴裡，發現面對死亡是沒有專家的。我們都需要謙虛，團隊透過這些故事啟迪人心。

崩耗三大徵狀

胡金榮指英文burnout的譯法包括過勞、專業倦怠、專業枯竭等，都好像把問題的責任推往員工身上。他選擇用「崩耗」更合乎音義的翻譯。

他指崩耗的徵狀包括：

❶ EMOTIONAL EXHAUSTION（情感耗竭）：情感資源下降，自覺無法付出更多；

❷ DEPERSONALIZATION（非人性化）：對服務受眾出現負面甚至犬儒的態度；

❸ REDUCED PERSONAL ACCOMPLISHMENT（個人成就感下降）：不滿自己的工作成就，甚至負面看待自己。

根據蕭鳳兒、袁仕傑和張潔影於 2012 年發表的研究，超過三成公立醫生符合「高崩耗」的定義，尤以年輕及須輪班工作的醫生較為嚴重。而這批「高崩耗」醫生較常有自殺的念頭。

照顧者的
愛與苦難

照顧者
Dorothea

如何照顧人，
是過後才學懂，
當時是不知道的。

謝建泉醫生希望讓大家明白照顧者的處境，特地請來好朋友Dorothea。她退休前在大學社工系教書，曾經是精神治療師，十五年來逐一照顧三位親人至離世，感受很深。

Dorothea：

我跟丈夫是一對好拍檔。我們是大學同學，婚後有三個女兒，他是我很好的朋友，所以有事的時候我很難過。他在一九九九年確診鼻咽癌，二零零六年過身。

二零零八年輪到弟弟食道癌過身。弟弟讀醫，三十歲後到美國讀公共衛生，在聯合國工作，退休後在倫敦讀博士，很聰明、分析力很高，還在明報寫過「筆陣」。他病後回港，做了很多次手術，經歷很大痛苦。我和大哥照顧他，這麼多兄弟姐妹我和這弟弟最親，很傷感。

然後是我奶奶，二零零八年發現她有認知障礙症。奶奶很年輕時守寡，有三個兒子，看著一個個離世，我丈夫是最後一個。我照顧奶奶，直到她二零一四年離世。

辭工陪丈夫

謝建泉：

> 我還記得你丈夫剛生病時，你對我說：「我不能沒有他。」這麼多年了，你內心是怎樣過的呢？

Dorothea：

> 當時很多醫生說丈夫已經到了第四期，很難醫。我是很冷靜的人，但聽到這消息時全身發冷。我不知道他有多少時間，我要陪他，就把首席講師的工作辭掉。時間很寶貴，我要和他一同進退。
>
> 　　丈夫說：「老婆多謝你。」我就很專注地幫他：研究食譜、找醫生、陪他做他想做的事。我第一件事問天主，這打擊對我有甚麼意思呢？我沒有問為甚麼，但想知道要學甚麼。整個過程都很痛苦，我不捨得丈夫受苦，他很硬淨，沒有唉聲嘆氣，只說：「我盡力。」

謝建泉：

> 有甚麼事，你覺得「好彩」做了？

Dorothea：

> 西醫可能不喜歡聽，我們吃靈芝，還去上海買。

謝建泉：

我作為西醫不清楚這是甚麼，但食物本身沒有害，當已經是不治之症，我不會反對。最重要是病人要告訴我曾經吃了甚麼，不要「靜雞雞」。

Dorothea：

多謝你。還有我丈夫很喜歡紫砂茶壺，家裡有五百多個。我覺得這能幫助他面對生病，有一次我扶他去深圳，他走得不好，眼睛因為電療也不好，我扶著他走，過關時警察說應該坐輪椅，但他坐輪椅可能就不出門了。我們慢慢走，到了深圳的紫砂茶壺店，他很開心，變得很多話！茶壺買回家，看著也很享受。

不明白丈夫感受

謝建泉：

　　那你有甚麼到今天仍然耿耿於懷呢？

Dorothea：

　　很多，如何照顧人，是過後才學懂，當時是不知道的。

　　丈夫最後很辛苦，口腔因為電療損傷，喝藥水會刺痛，他不想喝，可是醫生叫我給他，我夾在中間很大掙扎。現在回看，我應該遷就他，而不是就我。我領悟照顧病人要小心：這事是為了自己，還是為對方？其實很多時是為了自己。為了做一件對的事，忽略了病人的心情。

　　丈夫臨終，他把我給的藥全部吃掉，當時我還想為甚麼這樣乖？他過身後，朋友給一本書《The Final Gift》，説有些人離世之前，會為愛他的人做一件事，等於送一份禮物，那丈夫給了我甚麼禮物呢？原來他知道我想他吃藥，沒出聲全部吃了。

　　我真的很多謝他，他很愛我。

謝建泉：

　　你耿耿於懷那些藥水，其實醫生也有責任，醫生要理解病人能不能喝藥水，可以轉藥丸。

Dorothea：

　　我不懂這些，那時候太聽醫生的說話，原來不行，要跟醫生商量，不要「死頂」。

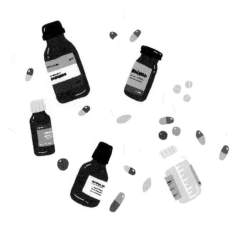

不懂跟弟弟談生死

Dorothea：

　　丈夫過身後，我照顧弟弟。弟弟很喜歡吃東西，雖然食道癌，吃硬的東西會痛，但他不管。這次，我讓他吃。

謝建泉：

許多病人的樂趣就是吃，吸一吸味道再吐出來也好。有些病人食道沒有了，呷一小口啤酒，吐出來，然後在胃喉灌一點啤酒，就有喝啤酒的感覺。當一位末期喉癌病人想抽煙，有甚麼所謂？以前專收臨終病人的南朗醫院，還專門有一個地方讓病人吸煙。

Dorothea：

我和弟弟很多思想交流，談很多社會的事。有一次我問他：「細佬，同你談談生死的事。」他說：「好的。」

我很蠢，太直接了，心急想跟他處理這些事，但這是不對的，應該用其他的方法自然一點帶出話題。結果很快他就說：「不說了。」這麼一句便不能說下去，我自己關上了和他溝通的門，很可惜。

謝建泉：

病人自己是知道時間的，最緊要是有切入點。看當時發生了甚麼事，例如媽媽喜歡看電視，就跟著劇情談。

老人家不怕說生生死死，是「後生」怕。不要閘住老人家，當她說：「我好怕火葬。」「唔好講呢樣嘢！」你這樣答，那她以後就不跟你說。當她開始說的時候，立即抓緊機會，關上手機，慢慢跟她談。只要跟她深入談了一次，之後就容易多了。

照顧奶奶不容易

Dorothea：

丈夫生病時，奶奶年紀已經很大，天主很好，一個個排著隊，弟弟二零零八年過身，奶奶開始生病。她很叻，要話事，一直以來都得小心相處。到她有認知障礙症，初期我很無奈，後來病情越來越差，我很為難，曾經兩次要去警署找她。有時不禁埋怨奶奶：「你都不合作，我已經做了那麼多，你聽吓我話啦，你現在只得我。」

有一天，我不開心，在客廳大哭很久。突然間腦裡跳出一個字：「surrender」，原來天主叫我幫奶奶的事，是「順服」，不是她跟著我，而是我跟著她，那刻我發現擔子輕了。她要做的事，無論多不合理，我都順著去做，從中學會照顧她。

奶奶堅持要找舊屋，舊屋已經拆了，但她一定要找到。我就當和她去旅行，帶著凳子，累了就讓她坐下，在中環走了三、四小時，由得她不斷問路人，因為她不相信我說已經拆了。直到她累了，「不如我們坐的士回家？」我問她，她就上的士。在的士她仍然想去舊屋，我說：「一陣再去啦。」她也就跟我回家。

後來工人照顧不來，走了，我自己年紀也大，去她家住了三天，日間照顧她，趁她睡覺時買菜，晚上又要起身守著她，怕她跌倒，三天後我已經筋疲力盡。她剛好生病入醫院，我問社工，社工建議出院後去老人院，我就找了很多老人院，送她進去。

謝建泉：

> Surrender這字很好，不是負面的投降，而是去到某些階段要聽天由命，欣然地接受現實和投降。完全放下你自己的智慧，放下自己的力量，將所有你自己認為自己最啱的事都放下，接受對方。
>
> 最後這是一種謙卑。

參加者：

> 我重複聽到你說surrender這個字，但你自己的需要又在哪裡？或者當你覺得無助，有沒有一些地方是其他人可以幫到？

Dorothea：

> 我有時覺得自己就像superwoman，一個人「殺晒」。照顧丈夫時，有次他發脾氣，我氣得離家走，買了很多東西給孫兒，回家就沒事了。到弟弟有事，我找兄弟姊妹談；而照顧奶奶，我學了surrender，才懂得找人幫忙。
>
> 奶奶進老人院後，有一位親戚不斷叫她出院，我發現這親戚是有心想取走奶奶一些東西，我不想得罪親戚，可是也想保護奶奶。我打電話給在加拿大的朋友，她教我和奶奶談，還幫我寫一封信。
>
> 我照著信讀給奶奶聽：「如果你真的需要這位親戚去幫你，那麼我會退出，我只會理關於你醫療的事，其他你的錢、你的東西我就不會理。」奶奶很醒目，馬上說：「你不理我怎麼行？」她跟那些親戚說：「不如我來你家你照顧我？」那些親戚立刻耍手兼擰頭，就不敢干涉了。

如何照顧「不愛」的人？

照顧者
Dorothea

> 先建立關係，
> 從身邊人身上知多點對方的事，
> 瞭解他多一點，由淺入深。

當照顧者與病人的關係不純然是愛，應如何面對？Dorothea 深有體會，她和奶奶關係欠佳。謝建泉醫生亦目睹不少病人和照顧者之間的恩怨情仇。

參加者:

家人的關係可以是愛恨情仇,你很愛他當然會照顧他,但如果你很憎他,又要照顧他?

Dorothea:

其實我的奶奶呢,並非很喜歡我的。

她很有錢,很懂得炒股票,説話很犀利,以前我總是避開與她爭執,彼此都心知肚明,我保持禮貌尊重她就好了。到了她生病,我是心甘情願照顧的,因為這是我的責任。平時都會關心一個老人家,何況那是你丈夫的媽媽。

後來我學到怎樣去愛她:奶奶有時會在親戚面前講我不好,我很難受,直到有一次我讀到一句話:「耶穌就是在別人的痛苦裡出現。」耶穌那麼好,怎會在奶奶那裡?後來我才明白奶奶所受的苦,與耶穌的苦一樣。我多謝她給我機會學習愛她。天主教徒要愛人如己,天主也會看到我所付出的。

我對她很好,人們常誤會我是她女兒,不是新抱。

醫生夠惡就會罵

謝建泉：

醫生護士也會看到病人和照顧者之間，很多恩怨情仇，例如老公「病到七彩」還打老婆，社工會幫手，不夠力時我就會出聲：「噂，抵你老婆不來看你，抵呀，你再打，我連你老婆煲湯都不准她拿進來！你一個人孤孤單單咁死，無人可憐你的了！」醫生可以這樣說，社工不能這樣說，醫生夠惡。

我想告訴大家，兩夫妻生病之前關係好，生病後關係會更好。但如果兩夫妻關係原本已經不好，其中一個有末期病，很多會走掉或者離婚。那被遺棄在病房的，不論男女都會自責：「是我不對，她不再來看我了，你可不可以幫我找她？」社工便出馬，四處找，看願不願意來。

還有父子，真的會像仇家似的，這在母女比較少，父子是會拒絕見面的。社工做了工夫也不管用，我就會罵：「你想這樣一世嗎？不然就來見爸爸，你不用向他道歉，見面就行了，不用出聲。」男人很難會道歉的，通常是爸爸先開聲：「仔呀，是我對不起你。」很少是兒子先開聲。

參加者：

但除了因為你夠惡，還因為你的年資，或許現在的醫護人員會覺得是家事不理會？

謝建泉：

> 紓緩服務的護士比較少出手，因為她們並不那麼惡，醫生卻
> 會「唔抵得頸」。男醫生罵男病人，一定會聽。再不行，還
> 有牧靈部、院牧部、佛教徒等等。我信祈禱，就算沒有宗教
> 背景，一樣有用。

消除陌生感

參加者：

> 突然變成照顧者，可能會覺得陌生，例如父母
> 突然失禁等等，就算是爸爸，也未試過要為他
> 洗澡，怎照顧呢？

Dorothea：

> 這不容易，我奶奶要穿尿片，我以前也想像若
> 有這一天，我能否接受這樣親密的接觸，但原
> 來當她有這需要的時候，你會放低自己。
>
> 　如果照顧的是陌生人，那可能要先建立關
> 係，從身邊人身上知多點對方的事，瞭解他多
> 一點，由淺入深。

參加者：

> 如果病人抗拒你的貼身照顧？

Dorothea：

如果他有這需要，沒人幫忙，你幫忙我猜他不會抗拒的。例如他要喝水，你給他一杯水，先由這些小事開始，比較容易入手。

廖進芳（生死教育學會前會長）：

我想起我丈夫的姑丈，丈夫只是一年見這姑丈一兩次，後來姑丈腎衰竭，我請假到他家接他飲茶，見到場面很混亂，家人沒法處理。原來他要出門飲茶前，拉了大便在褲子裡。他新抱已經很懂得照顧，當時也不知怎辦，我就幫他洗澡。其實是尷尬的，但這是他最大的需要，那我就幫忙，讓他乾乾淨淨再穿衣服出來，然後才一起去飲茶。

有時人與人之間，對方生病，你在他身邊，也能體會到他的需要。我是護士，替陌生人洗澡或者做各樣事，那一刻就是想幫忙，最緊要是有心，就算未必能做甚麼，對方已經感激。

不出聲更好

參加者：

作為照顧者的朋友，還有甚麼可以幫忙？

Dorothea：

我很幸運有一些老朋友，知道我心想甚麼，有合理的處理方式，並不會偏幫我。但我也希望朋友不要批評我，而且説話不要無稜兩可。如果朋友像社工，説甚麼「自己作決定」就死了，有時照顧者需要很清楚的建議。

謝建泉：

我經常當這類朋友。當你是醫生，就算跟照顧者並不相熟，也會打電話給你。有時我會放下作為醫生的背景，令對方知道我這位朋友是 always there，無論你是否聽我的意見。

醫生喜歡給意見，而且很介意對方聽不聽。但照顧者已經「亂龍」，不要再添亂了。朋友很重要是用心聽，用心講，無論發生甚麼事，用心來陪伴，就像水泡在旁邊。有時水泡不出聲，反而更好。

參加者：

我爸爸二零一一年患病，二零一二年離世，作為照顧者，當時對我很重要的支持，是朋友在 WhatsApp group 裡替我把我的心情、家人的狀況等等寫出來。我沒心機寫，人家問你便答，但原來朋友文筆好寫出來後你會舒服許多，也讓別人可以知多點。朋友來醫院探我爸爸，對我和家人都是很大的支持，至少他們陪爸爸，我們可以出去唞一唞氣。

我爸爸是很強的人，八十多歲還在做生意，但他腦裡生瘤，慢慢越來越差，要用尿片。我雖然不用動手替他洗澡，可是也要看著他自己洗，怕他滑倒—那一下對我是難的，因為從小到大都沒有親密接觸，你叫我拍拍他膊頭都打冷震，可是到了這地步，基於愛，都會盡能力幫他，慢慢會適應的。

後期爸爸進了療養院，我開始可以和朋友吃飯，紓緩壓力，朋友很重要。

放下內疚

參加者：

有一件事我到現在還是想不明白，其實每一位照顧者都已經盡心盡力，但之後總會有些事覺得自己做得不夠好。臨床觀察：十個家人，十一個都會這樣，為甚麼做了這麼多好事，仍會覺得不足夠呢？

參加者：

我看過醫院許多病人，我想每位照顧者回看，都會覺得有更好的做法，但我記得上司曾經教我：對一些照顧者，我們要肯定他所做的事，在他能力範圍內已經盡了力。其實我們永遠沒法做得最好，但盡了力就已經是最好的了。

謝建泉：

> 話雖如此，但十個家屬十二個都說可以再做多一點，因為人死了，就不能再做。唯一可以安慰照顧者的，就是第一：告訴他所有人都會內疚，不是他獨家的。第二：就是告訴他「實情你已經做到加零一了」，照顧者就會覺得舒服一點。

Dorothea：

> 我們習慣了要事後檢討，但人做不到十全十美，都要原諒自己。當時已經做了我能夠做的事，要肯定自己。
>
> 今日回望，能夠有機會照顧丈夫、弟弟、奶奶，是我的福份，亦是他們的福份。人生過客，有緣份在他有難時由我幫忙，到我有難時，亦有人幫我。

政府應支援

參加者：

> 照顧者會內疚，但其實政府又提供甚麼支援？Dorothea 你曾經是社工老師，制度上有甚麼可做？

Dorothea：

> 我照顧丈夫時，很希望不用經常入醫院，而是醫院可以上門來照顧。有時只是打一支針，那就不用我們勞師動眾出門。進到醫院，丈夫也是睡在床上，哪為何不能待在家裡？

謝建泉：

現在正提倡要向末期病人提供社區照顧，除了實務上的照顧，還有心靈上的。

廖進芳：

Dorothea形容入醫院是「勞師動眾」，我直頭覺得是「折磨」，是很需要上門服務。現在醫院有家居紓緩治療服務，但不足夠，社福界也可能可以提供更多社區照顧，例如哀傷輔導等等。

參加者：

我也是在醫療系統裡工作，雖然大家會希望社會有資源，但現實告訴我們求人不如求己。

最有用的支持者是朋友，就算政府有甚麼系統都無用。社工很重要，但只靠社工不會靠得住。我還是強調要有生死教育，學習怎樣去做照顧者，學去面對人生的意外，有心理準備，而不是發生了才去學。政府資源我個人覺得不到位，而且需求太大。

各位要準備、準備、準備！

傷心的眼淚

香港大學社會工作及
社會行政學系副教授
周燕雯

11

我們提倡「接哀順變」，即是接受哀傷，要喊便喊，因為是「排毒」。

「周燕雯做過安家舍，『落手落腳』照顧一些哀傷的家人；又在大學教書，還做了好些研究，三方面都強的，很少有。」謝建泉大讚香港大學社會工作及社會行政學系副教授周燕雯：「最重要是她心地好，很願意分享內心世界。」

周燕雯：

親人過身，可以有不同反應，像這房間開了冷氣，有些人還要搣涼，有些人已拿出披肩保暖。每一個人對不同情況反應可以不同，不要覺得我冷淡一點，或是他傷感一點，便是他比我叻，或者是我不足。

我們要接受不同的反應，明白一個人最重要是用心聽，始終不是當事人，不會真正明白，要用開放的態度：你爸爸過身，有甚麼感覺？盡量讓他説，就算你不明白，肯去聆聽，他已經感受到你的支持。同時我們聽得多，慢慢就更有能力感同身受。

男女傷心大不同

周燕雯：

男人是否比較冷漠？其實有研究指出男性荷爾蒙會令哀傷的感受較淡，所以如果批評丈夫、爸爸等冷漠，是不公平的。曾經有一個家庭，孩子去世了，那爸爸很犀利，辦了很多事情，去學校搞手續等等，媽媽就不斷哭，沒法生活。媽媽來見我，大罵：「我沒了兒子是傷痛，但我也沒有了一個疼我的老公。想不到我老公竟然那麼無情，孩子死了也無動於衷！」她最生氣是丈夫還想行房，説快點再生孩子，就可以解決「問題」——這幾乎令婚姻出現危機。

周燕雯：

我需要讓她知道，男人和女人並不一樣。問問大家：如果一對夫婦進來，頭頂的燈突然掉下來，你猜太太會說甚麼？

參加者：

好彩無受傷！

參加者：

點解會咁㗎？

參加者：

盞燈邊個裝得唔好？

周燕雯：

女人會說這些，那男人呢？

謝建泉：

老婆有無嚇親你呀？

周燕雯：

美國的心理學家指出：女人會問原因，在問題上糾纏，諗前諗後，但男人通常會想怎處理，拿掃帚來，或者立即處理太太的情緒。由於兩夫婦的態度不同，不一定能欣賞對方。

兩夫妻是好的，有人會分折問題，有人會去處理，這組合令家庭維持平衡。

　　如果孩子死了，爸媽都很傷心，會發生甚麼事？澳門曾經有一位小朋友在醫院急病過身，那父母走上醫院天台跳下來死掉。

傷心至極不敢說

參加者：

我有一件事，一直放在心裡。阿嫲從小照顧我長大，關係很親密。在我去旅行時，她過了身，我馬上坐飛機回來，整個過程我在飛機上都不敢哭，回到香港也不敢哭，直到見到阿爸就忍不住了。可是阿爸說：「你大個女喇，我唔知道應唔應該同你有身體接觸。」就走開了。我心底是非常想抱著阿爸大哭，但他走開，我就一個人站著。看著所有親戚，我覺得很孤獨。

　　當晚大家安排後事，我知道最快也要一個星期後才舉行喪禮，那刻覺得在香港很孤獨，就再買機票，去我原本要去的地方，但家人以為我掛住去旅行……

　　（哭）我當時沒有解釋，之後我一直沒有哭，也沒有提，可是以後每一次去旅行，要告訴家人都好難開口。

　　我知道嫲嫲會明白我……（哭）。這件事屈得好辛苦，唔好意思。

周燕雯：

今天若誰有情緒，千萬不需要道歉。

謝建泉：

我想說，我也是爸爸，有一子一女，兒子不給我攬的，女兒會讓我，但我兩個都會抱著。因為父母抱著，就不用再多說話，所有感情都表達了，千言萬語都在擁抱中。

你阿爸表達很清楚，這是他的性格，但阿嫲會知道。她多久之前過身？

參加者：

十四年前。

謝建泉：

十四年！大家明白嗎？這樣壓在心中。

參加者：

每次家庭聚會，我都會驚。

周燕雯：

首先我想説：你剛才的分享真是由心裡説出來的，我見到很多人有回應，都拿著紙巾抹眼淚，相信是有共鳴的。然後我想分幾點解釋：

第一件事：阿嫲剛好在你去旅行時離世。老人家有時會用平時的性格和做法，決定最後如何離世，例如有些在過時過節，一定要全家齊齊整整回來的，有一個不回來都會生氣，過身時，通常都等齊人才呼出最後一口氣。但有些老人家呢，我爸爸也是這種，很怕麻煩別人，疼後輩不忍大家辛苦，可能就會忍耐，等到你去了旅行，或者離開了去吃飯、去洗手間時離開，原因是不想在你面前離開，你會很傷心。

你想一想，只要那時是她最舒服的方法離開，時間不是我們決定的。可能你那次沒去旅行，她也會等到你下次去旅行時才走，這不代表她不愛你，這可能是阿嫲的心願。

LOADING . . . .

▮▮▮▮▮▮▮▮▮▮

第二件事：坐飛機時沒有眼淚。這是人類的本能，想想平時切到手、撞到頭，即時是沒感覺，但之後就會痛，因為如果受傷的一刻馬上好痛，那就無法保護自己逃走，很痛很痛，於是留在那環境裡，可能會很危險。所以人類的感受會延遲發生，讓你有能力離開這危險的環境。

嫲嫲過身是一個創傷，你要保護自己能夠回家，不會
搭錯飛機、在機上做錯事，所以會麻木。在座的朋友可能
都會有同感，親人過身最初是沒有感覺的，我見過有一
個當時要考會考的學生，爸爸走了，一滴眼淚都沒有，直
到考完最後一科馬上哭崩。這是自我保護的能力，不要怪
自己。

只能寫R.I.P？

參加者：

大家在社交媒體對喪親的人，似乎只能寫RIP（rest in
peace）？應該怎反應？

周燕雯：

行動比文字重要，如果有朋友親人過身，不要發WhatsApp
了，直接問：「方便我來探你嗎？」對方通常都説不用，可
以回答：「不要緊，我只是剛好經過。」然後帶點自己煮的食
物、湯水、粥等較容易入口的。喪親者往往會忘記吃東西，
人們外賣帶來的，沒有胃口吃，但你自己煮的，勉為其難都
會吃幾口。這碗湯，會幫到身體。

接著坐下，聽對方説話。有些人以為人走了，千萬不要
提，不要觸及「要害」，可是很多喪親者告訴我：「人已經死
了，竟然個個都唔記得，無人再提。」心裡更難過。

對方如果一開口便提起死者，你就更加可以談，千萬不要提死時的事，而是生前、健康之時。談一些你記得死者的好事，一些只有你知，喪親者不知道的。例如你是那兒子的老師，可以告訴媽媽，兒子以前在學校時如何如何，有甚麼叻，甚麼開心的回憶，這能夠安慰媽媽。又像護士也可以告訴喪親者：「之前那晚他睡得好好，睡前還讚子女孝順，不枉此生。」當然這些事不能作假，要真實的。

周燕雯：

有時我們會一群人去探喪親者，結果大家不知道說甚麼，於是聊天，彷彿借了對方的家開會，喪親者坐著，不知道做甚麼。記得喪親者一定是中心。最好兩個人上去。大家也可以分工，負責做「星期一朋友」、「星期二朋友」、「星期三朋友」……與喪親者常常見面也尷尬，一週見一次，會有新的想法。每位朋友每週談一次，就在重重複複中，開始舒懷。

參加者：

可是說錯話真的很普遍，尤其在面書，之後怎安慰呢？

周燕雯：

我會告訴喪親者：朋友所講的都是善意，但是否適用？這

就要自己選擇。正如超市有很多種香腸，最後買哪種回家，是你的決定。所有意見就像架上的貨物，最後放進籃內，是自己的選擇。

我現在說的，也是我的個人意見，「唔啱聽」的丟掉吧，不用緊張。

不再講「節哀」

謝建泉：

千萬不要叫人「節哀順變」，而是「接」哀順變。

周燕雯：

有喪親者告訴我：「『節哀』即是『慳啲』哀傷，叫我『慳啲呀』！」我們提倡的是「接哀順變」，即是接受哀傷，要喊便喊，因為是「排毒」。

較新是「雙軌理論」：以前哀傷是處理情緒，現在還重視生活改變，需要適應。例如一位爸爸，太太過身了，年幼的女兒說：「阿爸，以前阿媽幫我綁辮子，請你幫我。」可是男人手不巧，一扯頭髮女兒很痛，大哭：「為甚麼無咗媽媽！」爸爸的心也刺痛。綁辮子是生活技巧，爸爸要學的。

我們要讓喪親者有時間接受自己的哀傷和情緒，亦要有機會學習如何「順變」去面對生活上挑戰。

謝建泉：

喪親者要安排喪禮等很實際的事，有時會變得「好惡」，有少少不像是自己，但這段時間旁人都會很照顧。可是喪禮完了，人人都以為你「掂」，反而就慘啦！

周燕雯：

我們的臨床經驗完全是這樣。最慘以前一個星期可以完成喪禮，現在要三、四個星期，時間拉長了，這期間喪親者不能讓情緒太波動，以免影響喪禮失禮親人，於是等到喪禮之後才崩潰。

謝建泉：

那通常要傷心多久？例如家人自殺，要多久才「過到骨」？

　普通長期病患的，又要多久？「過到骨」的定義是甚麼？

周燕雯：

甚麼是「好番」？不再哭？能上班？有胃口？能睡覺？這些都有爭議。外國的研究有一個簡單的計法：如果半年後可以處理到日常的

事，會哭，但哭完可以上班，這是一般人的情況。但如果半年後仍然是哭泣的時間比安靜的時間長，起來不想見人，一閉上眼睛就會想起死者，這樣的傷心會長達一年，甚至兩年仍然跳不出來。

美國的心理學手冊寫的哀傷期是一年，而在週年，即是死忌，哀傷突然會飆升。在香港，大約死忌前兩個月便會有情緒，因為預先已經害怕，在第十個月、第二十二個月，都會有情緒起伏。母親節、情人節、新年、冬至、中秋……有人連鬼節也會傷感，因為想親人回來。還有，丈夫很喜歡足球，過身的那年正好是世界盃，太太每四年都會有情緒。有小朋友年輕時父母過身，凡是學校畢業禮都會大哭：「爸爸看不到我中學畢業、大學畢業，也不會見到我結婚、做工……」

這傷感是一世的，不過也是短暫的，有空間宣洩就可以。然而當傷感不能自拔，即是不開心的時間多過開心，那就要找幫手。喪親者大約有八成半人是自己「搞得掂」，一成半要找專家幫忙。

回憶錢罌

香港大學社會工作及
社會行政學系副教授
周燕雯

有一個「錢罌」的概念：
可以把精力放進這個「回憶錢罌」，
過一些開心的日子。

親人即將離世，如何面對？香港大學社
會工作及社會行政學系副教授周燕雯建
議大家可以有「回憶錢罌」，預先儲起
開心的回憶。
但如果關係愛恨交纏，「錢罌」裡都
是恨？

參加者：

我還未經歷喪親，但知道即將要經歷。這一兩年經常都會擔心怎去面對？例如慶祝完生日，回到家裡就會害怕，我大了一年，那公公會唔會好快過身？我現在要如何去預備？

謝建泉：

你才二、三十歲就開始想這事，是重要的，因為如無意外，你會見到所有阿爺、阿嫲、阿爸、阿媽，所有長輩過身。我的貼士：大部份老人家呢，唔怕講死的，所以當他們說一些生生死死的事，千祈不要說「你不會的！」不然他們以後就不講了。

周燕雯：

有一個「錢罌」的概念：害怕會虛耗你的精力，可以把精力放進這個「回憶錢罌」，過一些開心的日子。親人一定會離開，那時就打爛這個錢罌，當你懷念時，就有很多好東西可以拿出來。

我想分享：十多年前一位老人家對我說：死不要緊，但最想回鄉下見親人，他的女兒就安排回鄉探親。我就想起自己的爸爸，也是小時來到香港，親人都在不同的地方。那時爸爸很健康，才六十多歲，我問他想和所有的親人一起回鄉嗎？他很開心，於是我們一行五十多人一起去順德三天，拍了很多相片。

誰知爸爸就在這旅行後，突然中風過身。我很傷心，幫到我的，就是我曾經組織這次有意義的旅行，當我不開心，就會回想這件開心事。

當愛大過恨

參加者：

嫲嫲的哥哥末期病，我不知道怎去安慰嫲嫲。她會說人老始終會死，但我擔心她難過，怎去安慰她？

周燕雯：

我很喜歡一句說話：「喪親為甚麼會傷痛？因為你愛那個

人。」你懂得愛人，就會感到痛，你不需要去安慰嫲嫲，而是容許她有這份不會傷害自己的傷痛。這是「自由的傷痛」。

我不喜歡grief counselling被稱為悲傷輔導，因為我自己覺得哀傷是權利，可以有一個好的分離，但這分離不代表不會哀傷。

參加者：

哀傷是因為愛，但如果家人之間是愛恨交纏的？可能有些仇恨，可能是性侵、賭錢等等，可能你一輩子都等對方說對不起，但他離開，不會說了，那你怎去儲那「回憶錢罌」？

周燕雯：

愛恨交纏的哀傷是複雜的，有一成半的喪親人士需要專業人士協助面對哀傷，當中應該有三份二都是這種。

如果你真的恨多過愛，那不會感到傷感，可以繼續生活。但如果你仍然掙扎，仍然掛念？那我相信你的愛是大於你的恨，那就要處理。每一個人都有很多面，性侵犯或者賭博的人，越來越多研究顯示是腦分泌問題令其不能自拔，可能要原諒他也不是自願的。當他關心你，愛你的那部份，也是真實的，沒有人可以拿走。

你要記住他對你的傷害，還是對你的關心，完全是你的選擇。我會簡單地想，為甚麼要選擇會令自己痛苦的事？

寬恕為了誰？

廖進芳（生死教育學會前會長）：

我曾經照顧一位很年輕的臨終病人，他妹妹不肯來看他，只肯打電話，那病人聽完電話就把病床旁的儀器踢開，很激動，慢慢才平靜下來。

我們後來估計妹妹可能在電話說原諒，也說了再見，這對哥哥是很重要的禮物。

很久以前我與神父去見一位病人，她說沒法原諒丈夫，神父沒有說甚麼，在祈禱時，他求天主接受她不能原諒。我做了幾十年基督徒，甚麼都要原諒，但神父可以開口求天主接受這病人不能原諒，對我是難以相信的。我開始開竅，原來上帝不如我們想像的狹窄。

周燕雯：

寬恕的「恕」字，是「如」「心」，寬恕不是寬恕他人，其實是放過自己，等自己如心。如果選擇憤怒，「怒」字是「奴隸」「心」，你不停去嬲一個人，其實在做情緒的奴隸。如果你寬恕人，就讓自己可以如心生活。

這是個人的選擇，如果你選擇生氣，也無問題的，只是多一個角度想：寬恕是為了誰？

參加者：

> 我有一位七十多歲的病人，有天告訴我，她的兒子很久前過
> 身了，但所有家人都不跟她説。她告訴我以後，病情竟然好
> 轉了。
>
> 　我的疑問是：如何讓家人能面對死亡？如果不處理，可
> 能形成疾病？

周燕雯：

> 我們曾經研究，如有一些未完心事，處理了是可以減輕日後
> 的傷痛，但一些人太早選擇離開。例如有位男士很愛太太，
> 當太太臨終，他離開她，因為他沒法面對。這樣逃避後，太
> 太過身會更難面對。
>
> 　為甚麼會有人去「問米」，找靈媒去找死者的靈魂回來
> 對話？就是因為生前沒有溝通，死後要花錢做這事。

預先安慰家人

周燕雯：

> 當年我在前線工作時，曾經主動出擊，去醫院找一些臨終病
> 人的家屬，預先讓他們知道我們有喪親輔導的服務。當年要
> 設計一些輕輕鬆鬆兩小時的活動。有三個重點：第一是活在
> 當下，於是透過「五感」包括飲茶、按摩、看一些舒服的影
> 像、香薰、音樂等等。

周燕雯：

第二是大家說那些四道人生：道別、道謝、道愛、道歉。可是中國人不一定像外國人可以把愛說出口，於是我們就用投射的方法。最深印象是拿了一些衣服扣子出來，請丈夫選一粒像太太的，太太又選一粒像丈夫的。

有一位丈夫是病人，拿了一粒珍珠似的鈕扣：「這個是我老婆，『珠』來的。」「你話我肥呀，話我豬呀？！」太太裝作生氣。那男人說了一番話，我到今天都記得：「我老婆其實係粒珍珠，以前是千金小姐，家裡的掌上明珠，但她嫁給我這地盤老粗，搞到『禾稈冚珍珠』。」太太笑得好開心，他沒有說過多謝你、欣賞你，但說完太太都收到，她答：「我嫁俾你都係我福氣，如果來生我們有機會再聚，我仍然會揀番你。」

我們也用小組形式，當這一對夫婦這樣恩愛，其他兩對夫婦也覺得「唔可以輸蝕」，大家都說了好多感動的話，當時都拍攝下來。日後當太太想起丈夫，看著那粒珍珠鈕扣，就會記得丈夫曾經這樣欣賞她。

第三就是未完心事。這通常是家人的關係。

我們和病人一齊玩串珠仔，女病人說以前做得多，現在不做了，男病人反而好奇，其中一位伯伯很緊張，說要做鏈子給女兒：「我以前爛賭呀，沒東西送她們。」他穿了兩條珠仔手鏈，女兒來到馬上戴上。大女兒說：「爸爸我雖然現在未拍拖，但我應承你，如果我嫁得出，擺酒那晚會帶這條

鏈，告訴所有親友這是爸爸給我的珍貴禮物。」

她沒有說「我原諒你」，但這句話已是這意思。二女兒更勁：「我和男朋友結婚時，一定會戴著，日後有孩子，會送給她，讓他知道這是公公的家傳之寶。」

坦白說，當我拿這些珠仔出來，只是希望分散病人的注意力，沒想過變得這樣珍貴。我後來也反省，結婚時的龍鳳鈪，都放在保險箱，但一條珠鏈可以放在家中，時常懷念，價值可能更珍貴。

周燕雯：

我們也會幫病人回顧人生，當年用了很多攝錄，以後可以在喪禮播，未出生的孩子將來都有機會認識這長輩。有時不一定是嚴肅的事，例如一些婆婆說：「我無嘢叻㗎，淨係識得煮飯。」那我們就會問她秘笈，原來煲紅豆沙要放湯匙、炆牛腩要落冰糖等等，還有很多菜單，這些都是喪親後好好的活動。

我朋友阿嫲好叻整「芋蝦」，朋友就在阿嫲臨死前聽了學了，後來全家人紀念阿嫲死忌，就是一起整芋蝦，一齊食，彷彿阿嫲也在看著大家。

不過這計劃最後很「失敗」，因為做了這些活動，家屬心情緩和了，病人過身後不再需要喪親輔導。上司說我浪費時間，進醫院「做埋晒啲無聊嘢」。

123

長期面對的哀傷

參加者：

最近朋友一歲半的小孩走了，很突然，本來健康是一直在好轉的。面對長期病患，有很有多不穩定的因素，可能三個月、可能三年，身邊人可以怎陪伴？

周燕雯：

這是很務實的問題，如果有朋友是在照顧長期病的家人，需要的是鼓勵，不要停留在疾病，或者何時死亡，而是當下的生活。每一刻，盡量做到幾多做幾多，不然日後會後悔 —— 喪親最大問題，就是後悔和內疚。

我經常聽到病人說：「雖然我是病人，但我是一個人，不要整天問食了藥未？看了醫生未？這裡痛不痛？」也許我們應問的是，今天做了甚麼？吃了甚麼？視他為一個普通人。我的兒子也是長期病患，所以我很明白。

其實就算一個健康的人，也會有許多不測。

參加者：

> 我爸爸患了認知障礙症，當他第一次不記得我和媽媽，我覺得已經在對他講再見。但有一天，他突然在看電視時清醒過來，對媽媽說：「點解你呢排瘦咗咁多？」媽媽很難相信，平時爸爸可以凌晨兩點起來煮飯，媽媽不斷被推醒，照顧者怎去面對？

周燕雯：

> 我們曾經輔導過家人，以為忘記是第一次失去，到第二次真正離世，會感到安樂，但原來不一定。就算病人失去認知能力，家人仍然希望他長命百歲，就算照顧得很辛苦，仍然願意，所以這種喪親的打擊不一定是比較少的。

> 認知障礙症的病人有高低反覆，情況差時不能說甚麼，情況好時亦不能長篇大論，唯有一同製造多一些開心的片段。

> 無論如何治療認知障礙症，最重要是令對方開心，這幫助最大。就算他不認得你，但仍然可以令他開心，令他感到安全。

好朋友自殺了

參加者：

我有一個好朋友，由中學一直到後來成為同行，自殺了。那晚她揚言要死，我跟她的家人周圍找，第二天，找到了⋯⋯我有份去殮房認屍。離開殮房後兩小時，我就上班，彷彿忘記了所有的事，無事一樣過了很多年。但每一年到了她離開的月份，我就會數日子。她火化後，家人撒灰的地方原來是官地，後來被政府收回，連憑弔的機會也沒有。

最難過是另一位好朋友，當我每次提起沒法踏足出事的地方，是的，十年我都不能去，那朋友說：「忘記過去！人生咁多包袱，你劫唔劫？！」我聽了不止一次，那我就決定不再對這朋友提起。

我解決不到情緒，怎去懷念她呢？她非常優秀的，但不幸在很抑鬱的時候作出這樣的選擇⋯⋯我很少為她哭，我哭不出來。

周燕雯：

謝謝這深情的分享。

首先出事了，朋友的傷痛不一定不及家人。我們研究發現只要有密切的接觸，反應大是不出奇的，可能不只是兩人的關係，而是投射了一些自己的期望，所以千萬不要比較。可能寵物走了，主人也像喪親者一樣難過，不要有價值判斷。

　　第二件事：自殺死亡是獨特的，有別於病死、撞車死、被人殺死……因為自殺是死者決定甚麼時候。其他死亡都是無法控制。對方選擇離開，你會很矛盾，一方面內疚：「點解我唔知？」骨子裡可能會生氣：「點解唔信我？點解唔搵我幫手？點解你唔同我傾？」

　　這種矛盾令自殺喪親者的感覺很複雜，連帶遇到其他朋友，都會難過─「點解會咁嘅？」這一句問題很順口，但其實就是質疑你沒做好？就算本來不感到內疚，問了就會開始內疚和生氣：「你覺得我能解釋就不會發生？你叫她回來吖，叫她告訴你吖！」

　　突然的死亡是創傷，創傷加上喪親，非常辛苦。你剛才說每逢到那段時間走近那地方，心裡就不舒服，這不是喪親的反應，而是創傷的反應。舉例曾經走過這地方有磚頭跌下來，再經過時會停一停、望一望，甚至繞路走，這是創傷的反應。光顧一間餐廳後拉肚子，大家都不會再去。不要覺得自己有問題，這是保護自己的機制。

　　如果避開的地方影響到生活，就要處理。有一位喪親者因為家人在醫院過身，不肯再去醫院，我們就要用行為治療法，慢慢幫他減壓，讓他可以面對。如那地方不是必要經過，那就不需要去，不要讓自己有任何壓力。

靈性的關顧

衍隱法師

就算那人走了，人與人的心是近的，做什麼都會感受到。

臨終要面對的，遠遠不止是身體的痛苦，與所愛的人別離，還有難以言明的靈性問題：我會去哪裡？會經歷什麼？謝建泉醫生請來衍隱法師，談靈性的照顧。釋衍隱法師出家前曾任教於香港大學社會醫學系，於一九九五年獲得博士學位，對病人的行為心理因素甚有研究。

參加者：

　　我媽媽是佛教徒一直都很虔誠，她生病了很痛苦，我想知道
　　如何讓她不要這樣痛苦。

衍隱法師：

　　我以前是讀天主教學校，由小學到中學都是。曾經有一個人
　　一直和我談得很好，但有一天突然捉著我說：「對不起師父，
　　我信了主。」我說沒所謂的。

謝建泉：

　　當你念佛也好、念天主聖母也好，大家不需要這麼大壓力，
　　心誠則靈。法師，誠心就靈，靈是什麼呢？

衍隱法師：

佛教說的是智慧，不是ok才叫靈。我不是要交數、爭什麼，最重要是病人安樂。

我目前在屯門醫院做心靈關懷的工作，等於基督教的院牧或天主教的牧靈，一樣是關顧病人。我們不會主動宣傳和鼓勵宗教，但有靈性需要就會配合。

謝建泉：

屯門醫院是第一間公立醫院有院侍，由法師的師兄開始。當年我們在伊利沙伯醫院請法師來，因為上了年紀的病人，大部份都不是基督教和天主教，而我找不到道教的人來。

衍隱法師：

病人、家屬、員工家屬都有找我們，有些高層會入我房哭，他們很怕被人知道，但很大壓力。

不會恐懼死亡？

參加者：

靈性得到滿足，是否一定會減少對死亡的恐懼？

謝建泉：

我們在南朗醫院照顧癌症病人，發現他們身體接近死亡，但靈性的生命質素可以很不一樣，在很好的紓緩服務，是可以提升靈性的生命質素，感覺peaceful，對病徵處理也著數一點。

廖進芳（生死教育學會前會長）：

英國有研究指病人的身體是跌，但靈性是上升的，因為在病的過程中感覺到人間有情，病之前可能沒有感受那麼多人關心。無論病人任何宗教，我們都會和病人談情緒，情緒平穩，臨床上會見到絕大部分的病人走時是平安。有時也未必和宗教有關，如何達到at peace：人們艱辛時，突然間覺得世界不同了，比較會接受自己、想過自己的人生。面臨死亡時，要有足夠的空間去面對。

衍隱法師：

我很喜歡你說的「修和」，或者是最後終點時，是否與其他人的相處。這需要時間慢慢想，集齊，組織，是要自己想出來，就算有人在旁邊，也只是引導。

參加者：

At peace，如果不能，是否就沒法好走？

衍隱法師：

是「唔忿氣」？是不想死？

廖進芳：

還有很多不能放下：不捨得家人、是否肯定自己、仔女還在生氣嗎？也有一些徵狀是需要處理，但我們不是所有都能處理的。

身體衰敗心靈幸福

參加者：

處理不到 at peace 會點？會痛嗎？

衍隱法師：

不止身體上的痛，還會躁、熱。

謝建泉：

周身都唔妥。

衍隱法師：

但這身體「腸穿肚爛」，卻仍然能夠說得出幸福。有一位三四十歲的女士因為癌症，盆腔接受多次電療，她排便困難，房間很臭，人也很很瘦，但她說感覺幸福，之前和丈夫

各自工作都很忙，很少可以像現在陪伴。那丈夫非常有心，怕別人撕膠布很大力，他怕她痛，會輕輕弄濕慢慢地撕。

我第一次見她，已經可以一起選葬禮上用的歌，談葬禮如何安排。她選林一峰的歌，節奏輕快像遊樂場，因為想同事來送她時，感覺輕快一點。看到選用的相片，嘩，好靚女！鍾嘉欣似的，我還跟他丈夫説，他答：「係喋，好靚喋！」

謝建泉：

這比較是心、身、社、靈裡的社交層面，靈性呢？這病人很「掂」，你不探也行，可是那些「唔掂」的呢？病人好驚，好「大劑」的呢？

衍隱法師：

哪些我就幫不到了。如果病人害怕，就不會找我。有時去到，等等等等等，然後家人説：「唔好意思，唔駛住。」有時去到病床，旁邊的病人馬上拉布簾隔開。

參加者：

那些來找你的高層員工，你點做呢？

衍隱法師：

我就是等他説。讓他覺得安全，可以説話。

謝建泉：

> 怎樣做到？

衍隱法師：

> 用心。我講得出用心，説不到其他了。

參加者：

> 可以示範嗎？

衍隱法師：

> 示範不到呢。謝醫生是高手來的。

謝建泉：

> 心理社交可能是高手，但不是靈性。

衍隱法師：

> 佛教裡我們不講靈性，我們講心的。

最後一程如何安心？

參加者：

> 一個本身身沒有信仰的人，如何安他的心？面對死亡，他的心好亂，點幫？

衍隱法師：

我們平日做很多功夫去維繫，信任的關係不是單一次就可以做到，是最小的一劑一劑小小小小的，令他回顧生命：這一生以來，經歷過什麼，到現在如何。我們多數會說：生有涯，但生命可以很闊。你在這張床上，但你依然可以比很多人感到幸福，例如你今天，有否令別人幸福？那個姐姐幫你這麼小的事，但你能否感到幸福？

謝建泉：

我常說：今天這個世界，有一個人因為我的緣故，活得有真正的快樂，那今天我的生命就有意義了。

參加者：

可是我病到死吓死吓，什麼要令別人幸福？我都要死了。

謝建泉：

你可能做好少的事，一個眼神，也可以令別人開心，感覺到幸福。例如向護士表達感恩。

廖進芳：

當一個人病了一段時間，就會覺得自己只能「收」，尊嚴變得低，但變化可以「給」，可以施予，是充權。

衍隱法師：

> 佛教有說些慈悲，你的心要先充滿慈悲，才可以送出去。例如你看到每一個人，心裡都唸：喃嘸觀世音菩薩。那病人本身已經沒有尊嚴，突然間變成給予者，生命就突然變成超級闊。

不要離開病人

衍隱法師：

> 有一位義工，三十年前已經去南朗醫院。有病人好惡死，這義工特地挑戰難度，就去探這男病人。開場白一說完，病人馬上連番粗口：你做什麼？當我會死？個個都不理我，不用你這麼好心！
>
> 　其實他第一次見這義工，這些情緒都不是因為義工做錯什麼。義工被罵完，知道都不關自己的事，於是說：「你有很多事不開心，可以告訴我誰令你這樣呢？」

謝建泉：

> 千萬不要走開。因為你第一次探，他罵你十分鐘，但你沒走，他就會覺得你很好。第二次就會罵少一點。如果你走開，第二次就更困難了，尤其男性比較困難去說自己的情緒。

衍隱法師：

要罵，就俾佢罵，然後再承認他的情緒：「睇來你很不開心，誰令你咁生氣？想不想告訴我？不想說，不要緊，下次幾時來，再告訴我聽。」你看，我的聲音也放軟了。

如果是家人，就要找「醜人」。有一位病人說後生時對妹妹很差，想道歉。妹妹後來從國內辛苦申請來看哥哥，他在妹妹面前說不出口，我幫他告訴妹妹，她答：「我們這樣遠都來，當然是原諒了。」

參加者：

有一位婆婆很不開心，選擇了沉默，含住淚水，到死都沒有出聲。婆婆死後，女兒很難受，沒去喪禮，後來信佛。

衍隱法師：

佛法說因果，讀經，吃素，會感應到果。你今日不殺生，那豬牛就不是因為你而死，那果報就不關你事。你食肉，就是間接地殺了生，就有報應。我會鼓勵把果報集合在一起，送給某人「善的果報」，就算那人走了，人與人的心是近的，做什麼都會感受到。

看見靈異人事

參加者：

病人有宗教背景，會知道歸處，但對於沒有宗教信仰的人，會去邊？並且沒有信仰的，也會見到靈異的東西，例如見到小孩。

衍隱法師：

人們見到神職人員，就會說很多靈異的事。有次有伯伯家人求助，說他很亂，我問他以前做什麼？原來伯伯是劏魚的，那他就要為以前的殺生懺悔。另一次有病人的孫仔是外國來的，突然說見到 cow and horse（牛頭馬面）。但醫生最緊要安病人的心。

謝建泉：

幻覺不能有肯定的答案。現實中醫生沒有這麼多時間談，似夢非夢的東西，是要聽的，因為對個人是真的，不能隨便說黐線。醫生沒時間就找護士、院牧、院侍等等。

死後會去哪裡？如果病人答：一了百了，我會反問是什麼？有些沒有信仰，但相信有天堂，或者輪迴。「你信什麼？告訴我吧」我會問病人：「看餘下的生活有什麼可以幫到生命多姿彩。

有一位太太罵我們：「你們專業人員有意義，我生命沒

有意義，不要跟我說。」她曾經讀名校，同學都是高官，但她選擇做主婦，自覺五十多歲一事無成。後來有主婦義工來說：「我一直幫老公，兩個女能讀大學不用靠我。我們一世人做主婦幾有意義？三百六十五日沒假放，打斧頭先有錢儲。」

衍隱法師：

病人轉了念頭，就有意義。電視劇《降魔的》有一個肥仔死了，他覺得自己沒有什麼意義，但同事都很傷心，肥仔就說：「我諗我都係幾好嘅肥仔。」嘩，我聽到一直哭，以後到我死時，能否也可能說一句：「我也是一個幾好的比丘尼」？

參加者：

如果真的到最後都放不下執著，覺得是恥辱，這樣死去，會點輪迴？

衍隱法師：

佛經有講，一棵樹一邊枝葉經常被斬，就會向另一邊倒下，所以看你怎樣切掉枝葉，切幾多？死的那一刻，平時的習慣，有幾重，這三件事都會有關連。我不知道他這世人被切了幾多，我唔識計，但自然有人會替他計，下一世回來，不知道是人是畜。但七七四十九日是平均數，一直變的，在變化時還能夠幫忙的。

如果已經盡力幫，幫唔到都要放下。

最後的醫療意願

香港紓緩醫學會榮譽顧問
謝俊仁

> 重點是病人意願和治療
> 是否符合病人最佳利益，
> 醫生一定要學會要衡量。

謝俊仁醫生退休前是聯合醫院院長，長期擔任醫管局臨床倫理委員會主席，這天他以香港紓緩醫學學會榮譽顧問身份擔任生死學堂的講者解釋預設醫療指示。參加者最多疑問的，是關於吞嚥困難時是否要「人工餵飼」插入鼻胃喉。

參加者:

> 媽媽有認知障礙症,腦外科醫生說末期不能吞
> 嚥就要插鼻胃喉,我很想問媽媽的意願,但她
> 已經不能表達,還有醫生會幫她簽預設醫療指
> 示嗎?

參加者:

> 家人決定不為婆婆插鼻胃喉,並且很認真去學
> 「小心人手餵食」:吃甚麼、怎樣煮、怎樣坐、
> 用甚麼匙羹,都有技巧,很花時間。可是送到
> 醫院,醫生早、午、晚都過來說:「你還不讓
> 她插喉?你想殺死她?」我們要求轉介醫院的
> 紓緩治療科,那邊的醫生很明白,在婆婆清醒
> 時問了幾次,醫生簽署了DNACPR(不作心肺
> 復甦術)。現在送院只要出示文件,就會讓我
> 們人手餵食。

參加者：

太太的嫲嫲九十多歲認知障礙晚期，大家族很多意見，好不容易才共識不插喉、不搶救，家人盡量人手餵，結果誤嚥。後來離世，醫生居然對家人說：「這都是因為你！」家人非常自責，多年來都沒法放下。

插喉一樣有風險

謝俊仁：

腦外科醫生建議插喉，這可能是早幾年完全正確的觀點，現在醫療研究變得很快，老人科有一些新的文獻，顯示在某些情況，插喉與小心人手餵食的風險都相若。

我不能評論個別情況，概括地說：早期認知障礙症病人仍然有可能可以簽預設醫療指示，最好找精神科醫生正式評估。但就算無法簽署，是否一定要有這法律文件呢？病人表達了意願，家人要尊重，醫生考慮各種因素，都要決定這治療是否合乎病人的最佳利益。

雖然醫管局已經有適當的指引，但需要每一個前線醫護人員都理解，有足夠的教育，不能只有紓緩治療科醫生較為明白。而如果不插喉的決定，是醫護團隊和家人一起達成的共識，大家都明白插喉和用人手餵食，都有風險，大家都接受，那醫生就不會講這種話。

參加者：

> 為甚麼一些醫生「去到咁盡」？其實是保障自己：「如果我不去到咁盡『吊命』，突然一個孝順女由外國回來，會否告我？」這些醫生的心態是可以理解，他都不想病人死得慘，但要保障自己。

> 我是護士，補充實際情況：病人自己講了不想插鼻胃喉，我和家人談了兩次，每次一個半小時，長女明白爸爸不想，但其他兄弟姐妹沒法放手。我們就建議插喉，但如果爸爸拔掉，就不會再插。爸爸的雙手被綁起，仍然有辦法拔掉！坦白說，插入鼻胃喉是不舒服的，後來爸爸轉去舒服一點的地方，和家人一起。

> 我想，實際不一定要有預設醫療指示，而是和病人溝通：「你想生活質素如何？你想用鼻胃喉嗎？想這樣在床上一、兩年，甚至五、六年？」如果病人情況已經很差，我會問家人：「你熟悉親人，你想他會怎樣回答？如果要在床上六、七年，他想嗎？」

參加者：

> 我想分享爸爸的故事，長者都要懂得面對。我爸爸是「一流長者」：九十多歲跌倒進醫院，當時吞嚥困難被插了鼻胃喉，我們很心疼，阿爸竟說：「醫院的食物很難吃，可能插了更好。」哥哥是澳洲星級廚師，飛回來想煮東西給爸爸吃，大家和醫護人員討論後拔喉，最後爸爸能吃點東西，平安離去。我很欣賞爸爸會安慰我們，而我們又知道他最喜歡的就是吃，所以替他爭取拔掉鼻胃喉。一家人很重要的。

預先表達意願

謝俊仁：

> 醫療科技日新月異，疾病到了生命末期，仍然有很多科技似乎可以延長生命，但其實只是延長了死亡的過程，對病人來說，可能傷害多過好處，亦有可能違反病人的意願。病人清醒時，可以自己叫停，不清醒時，其中一個方法就是靠預設醫療指示，預先說明不要甚麼維持生命的治療，這指示如果有效並且場合適用，就有法律地位，是要尊重的。

參加者：

> 我是私家醫院護士，跟病人或家人談拒絕心肺復甦術非常困難，就算病人簽了，家人都會後悔，突然又有律師、「二奶」…病人一樣被送入深切治療室、找三、五個專科醫生又

再續命。我想反過來問：預設醫療指示可否寫明：千萬不要讓我死？

謝俊仁：

預設醫療指示是寫明拒絕某一些治療，有些治療病人不想做，醫生不能勉強。可是病人不能預先要求醫生一定做某些治療，醫生覺得不適合就不會做。但病人可讓醫生知道自己任何機會都會爭取，醫生就懂得病人的價值觀。

參加者：

這會考慮成本效益嗎？還是醫生是要維持生命到最後？

謝俊仁：

考慮的一定不是成本效益，絕對不是為了省錢。重點是病人意願和治療是否符合病人最佳利益。醫生一定要維持生命是舊時的觀點：就算病人癌末無法呼吸，也會插呼吸機、心肺復甦術令心臟回復跳動，但病人已經不會康復，無法自行呼吸，而且心臟停頓再恢復心跳，其間腦部缺氧會受損，而且病人插滿管子會掙扎，又會被綁起來 —— 這樣搏命地延長生命，是否病人的最佳利益？是負擔還是好處？醫生一定要學會要衡量。

參加者：

如果病人無親人，被送入醫院時已不能表達，誰替他作決定？

謝俊仁：

病人清醒就和病人談，病人不清醒就和家人談，若然沒有家人，要由兩個醫生，包括專科醫生，達成共識是否合乎病人最佳利益。

不等於放棄

謝俊仁：

現時醫管局還有「不作心肺復甦術」（DNACPR）表格。住院病人簽了DNACPR，心臟停頓時不會再做心肺復甦術。病人出院了，住在家或者院舍，醫管局醫生都可以簽署「非住院病人」的表格，惡化時送醫院，急症室醫生看表格就知道。有這醫生證明，會好 好多。

現在問題是消防處並不接受，救護員照樣替病人進行心肺復甦，要爭取政府改變政策。

我建議醫護人員更多教育和理解，早點和病人及家人談；政府要對末期病人有整全的照顧政策；公眾人士需要多一些了解，尤其是年紀大的更需提早準備，可以預先向家人表達治療取向。但不是個個要簽預設醫療指示。

最後我想強調，這不是放棄病人，醫護人員一樣要關懷病人。

「有效」是⋯⋯

病人簽署時醫生證明神智清醒，有足夠資訊作決定。如果使用的不是法改會和醫管局的預設醫療指示表格，文字寫得不清楚；或者沒有見證人；家人覺得是受人影響等等，都會影響效力。

「適用」是⋯⋯

指示要在指定的情況下生效，例如不能逆轉的末期病，到了生命的最後階段，可以拒絕指定的治療，但末期病人突然意外撞車，這不會適用。

在香港，醫管局的預設醫療指示主要是讓末期病人，透過預設照顧計劃去簽署。計劃強調的是溝通，病人、家人、醫護人員之間去準備病人最後的照顧計劃。不是每一個病人都想談，要有心理能力接受，過程亦不容易，醫護人員一定要有好的溝通技巧和適當的知識，不是一項項清單去剔，要有仔細文件記錄。

贏在終點線

律師
陸文慧

15

有遺囑，遺囑執行人要準備好幾份文件；而沒有遺囑，遺產管理人可能要準備雙倍數量的文件。

「無論終點在何時，都要為自己及愛的人安心準備。」陸文慧律師解釋如何立遺囑和持久授權書。

教會教友對牧師說：

> 「人真的好化學！上個月我們還一起喝茶，今天竟然收到警察電話，說他在家死了！從他電話簿找到我，可是我甚麼都不知道，怎幫他辦身後事？」

媳婦和小姑為遺物吵起來：

> 小姑說媽媽曾經提過會送她一隻戒指，但媳婦說沒聽過。「阿媽得我一個女，我一定要留來做紀念。」小姑說。媳婦不理：「你阿媽也只得我一個新抱，我們同住這麼久，她所有東西都是我和你哥哥的，喜歡怎處理都得！」

陸文慧：

這兩件都是真人真事。很多人以為有錢人才需要立遺囑，其實不是。

在香港沒立遺囑，會依據《無遺囑者遺產條例》分配遺產，但這條例在多年前立法，是昔日的世俗觀念。例如已婚人士過世後，沒有子女，配偶要和死者的父母分遺產，可是現代人可能想全部留給配偶。一些單身人士也想把房子留給同居伴侶，沒有遺囑，遺產就會給父母，父母不在世就給兄弟姐妹。

死者身後所有財產都會凍結，財產要有在高等法院遺產承辦處發出的授予書（俗稱「承辦紙」）才可解凍。有遺囑，可由遺囑執行人申請授予書；沒遺囑，就要先確立誰有資格去申請，手續和困難多很多，例如要證明申請人與死者的關係，一些長者配偶未必有結婚證書，而且家人要取得辦遺產的資格是順序的，先是配偶，然後子女。比方爸爸去世，沒有遺囑，本來應該由媽媽去辦，但年紀大行動不便，由女兒辦，媽媽要先簽字放棄做遺產管理人。假如媽媽有認知障礙症，可以想像事情不容易，單解釋她簽的放棄書，是放棄做遺產管理人，而不是放棄遺產，已有理說不清，更何況律師若認為媽媽患認知障礙症已喪失精神行為能力，根本就不會讓媽媽簽任何法律文件。

有遺囑，遺囑執行人要準備好幾份文件；而沒有遺囑，遺產管理人可能要準備雙倍數量的文件。

遺囑的不同角色

「識得諗」立遺囑人

立遺囑的人要識得諗，除了怎樣安排遺產分配，還要有精神行為能力去思考。

「有得分」受益人

遺產的受益人。

「信得過」遺囑執行人

遺囑執行人要信得過，最好是在受益人裡面揀最可信的擔任，遺囑執行人是第一個接觸遺產的人，負責辦手續領取遺產，再分配給受益人。

「有得睇無得分」遺囑見證人

要有兩個見證人，主要是證明立遺囑的人是自願的，如果見證人本身也是受益人，就有利益衝突，如果在律師樓，這多數是律師和律師的同事。

遺囑疑惑

Q：自己寫遺囑，會否比律師做的容易被人挑戰？

情況複雜就要找律師做，在律師樓立遺囑亦可以中立一點，更能遵照法律。不過像城中一些爭產案，遺囑一樣是在律師樓立的。

Q：如果其中的受益人不在了？

可以寫明受益人一旦過身，怎處理。例如遺囑寫A、B、C平分，若然A過身，B和C會平分A那份。

Q：見證人不在，遺囑還有效嗎？

有效。很多老人家說當年見證的律師已經不在了，但這不要緊，因為真有爭產的官司時，才會找所有見證人出庭作證。

Q：移民離港後會否有效？

要看當地的法律，可能一些國家會接受，建議移了民就在當地再做。立了新遺囑要撤銷舊遺囑，否則引起混淆。

陸文慧律師的遺囑樣本

陸文慧：

這A、B、C三款餐是處理較簡單的情況，不一定需要找律師處理。A餐最基本，處理前述第一個教友個案：無人無物錢又不多，最重要是有人可處理身後事，可以移動家裡的東西，處理債務殯葬事宜。C餐針對前述第二個個案，可能媽媽想把房子留給女兒，戒指留給媳婦？

平安紙樣本
A餐

林一梅**遺囑**

本人林一梅（Lam Yat Mui），香港身份證號碼 xxxxx，住址為 xxxxx，在 xxxx 年 xx 月 xx 日簽立遺囑如下：

1. 本人撤銷以前所立的所有遺囑、遺囑修訂附件及遺囑性質的產權處置，並聲明本遺囑是本人所立的最後遺囑。

2. 本人聲明本人以香港為永久居留地，本遺囑根據香港法律處理。

3. 本人委任陳好心（Chan Ho Sum）（香港身份證號碼 xxxxx，住址為 xxxxx）為本遺囑的執行人及受託人。

4. 本人的財產在扣除喪葬費和其他必須費用（包括執行本遺囑所需費用及有充分憑據證明的合理欠款）後，全部贈予陳好心（Chan Ho Sum）（香港身份證號碼 xxxxx，住址為 xxxxx）。

立遺囑人簽署：_____

以上遺囑經我們在場見證，由立遺囑人親自簽署，作為其最後遺囑；再者，我們按照立遺囑人的要求在本遺囑上簽署作見證人時，我們兩人與立遺囑人均同時在場，此證。

第一見證人簽署：_____　　第二見證人簽署：_____
姓名：中文姓名（英文姓名）　　　　　姓名：中文姓名（英文姓名）
香港身份證號碼：請填上號碼　　　　　香港身份證號碼：請填上號碼

陳好心**遺囑**

本人陳好心（Chan Ho Sum），香港身份證號碼xxxxx，住址為xxxxx，在xxxx年xx月xx日簽立遺囑如下：

1. 本人撤銷以前所立的所有遺囑、遺囑修訂附件及遺囑性質的產權處置，並聲明本遺囑是本人所立的最後遺囑。

2. 本人聲明本人以香港為永久居留地，本遺囑根據香港法律處理。

3. 本人委任女兒張秀（Cheung Sau）（香港身份證號碼xxxxx，住址為xxxxx）為本遺囑的執行人及受託人。

4. 本人的財產在扣除喪葬費和其他必須費用（包括執行本遺囑所需費用及有充分憑據證明的合理欠款）後，全部（下稱「剩餘遺產」）按下列比例分別贈予以下受益人：

    4.1 剩餘遺產百分之八十贈予女兒張秀（Cheung Sau）（香港身份證號碼xxxxx，住址為xxxxx）；

    4.2 剩餘遺產百分之十贈予姪女陳美（Chan Amy）（香港身份證號碼xxxxx，住址為xxxxx）；

    4.3 剩餘遺產百分之十贈予無國界醫生組織（香港）有限公司（地址為xxxxx）。

立遺囑人簽署：＿＿＿＿＿＿＿＿

以上遺囑經我們在場見證，由立遺囑人親自簽署，作為其最後遺囑；再者，我們按照立遺囑人的要求在本遺囑上簽署作見證人時，我們兩人與立遺囑人均同時在場，此證。

第一見證人簽署：＿＿＿＿＿＿＿＿　　　**第二見證人簽署：**＿＿＿＿＿＿＿＿
姓名：中文姓名（英文姓名）　　　　　　姓名：中文姓名（英文姓名）
香港身份證號碼：請填上號碼　　　　　　香港身份證號碼：請填上號碼

陳林大寶遺囑

本人陳林大寶（Chan Lam Tai Po），香港身份證號碼xxxxx，住址為xxxxx，在xxxx年xx月xx日簽立遺囑如下：

1. 本人撤銷以前所立的所有遺囑、遺囑修訂附件及遺囑性質的產權處置，並聲明本遺囑是本人所立的最後遺囑。

2. 本人聲明本人以香港為永久居留地，本遺囑根據香港法律處理。

3. 本人委任兒子陳小文（Chan Siu Man）（香港身份證號碼xxxxx，住址為xxxxx）及女兒陳好心（Chan Ho Sum）（香港身份證號碼xxxxx，住址為xxxxx）為本遺囑的執行人及受託人。

4. 本人將本人所有珠寶贈予媳婦李賢慧（Lee Yin Wai）（香港身份證號碼 xxxxx，住址為xxxxx）。

5. 本人將本人名下位於 xxxxx 的物業贈予女兒陳好心（Chan Ho Sum）（香港身份證號碼xxxxx，住址為xxxxx）。

6. 本人將本人名下其餘財產，經扣除喪葬費和其他必須費用（包括執行本遺囑所需費用及有充分憑據證明的合理欠款）後，全部（下稱「剩餘遺產」）按下列比例分別贈予以下受益人：

　　6.1 剩餘遺產百分之六十贈予兒子陳小文（Chan Siu Man）（香港身份證號碼xxxxx，住址為xxxxx）；

　　6.2 剩餘遺產百分之四十贈予女兒陳好心（Chan Ho Sum）（香港身份證號碼xxxxx，住址為xxxxx）。

立遺囑人簽署：_____

以上遺囑經我們在場見證，由立遺囑人親自簽署，作為其最後遺囑；再者，我們按照立遺囑人的要求在本遺囑上簽署作見證人時，我們兩人與立遺囑人均同時在場，此證。

第一見證人簽署：_____　　第二見證人簽署：_____
姓名：中文姓名（英文姓名）　　　　　姓名：中文姓名（英文姓名）
香港身份證號碼：請填上號碼　　　　　香港身份證號碼：請填上號碼

比遺囑更保平安

陸文慧：

> 遺囑是死了才生效，而持久授權書是未過身時用的。香港八十五歲以上每三人有一人患上認知障礙症，中風亦可陷於昏迷，而癌症去到末期，也可能神志不清—所以在我們還清醒時，可以透過持久授權書委任受權人，萬一將來自己變得神志不清，受權人在高等法院註冊持久授權書後，就可以用我們的財產來照顧我們。

「識得諗」授權人

當事人要在識得諗時簽署，寫明在自己喪失精神行為能力，即神志不清「唔識諗」時生效。

「信得過」受權人

持久授權書的受權人，要比遺囑的執行人更「信得過」。遺囑生效時當事人已經死了，但持久授權書生效時當事人還活著，所以選受權人時，應物色具備以下條件的人選：信得過、做得妥、正直，並且比當事人年輕，清楚當事人的喜好和價值觀。例如受權人可以代當事人送禮給家人，可能當事人只想給五百元利是，但受權人一出手就一萬！那就不恰當。受權人也要列明所有開支，確保用於當事人身上，不能任意使用。

持久授權書的不同角色

醫生見證人

法律規定，簽立持久授權書必須有醫生做見證人，證明當事人「識得諗」，那醫生不可以是當事人的親屬，也不可以是受權人的親屬。醫生見證人不一定要找專科醫生，但為了確認簽署人的精神行為能力，醫生會做一些認知測試如 MMSE 或 MoCA，老人科或精神科醫生對這些測試較為熟悉。早期認知障礙症患者也有機會簽署，只要有老人科或精神科醫生證明患者當時仍有足夠的精神行為能力，作關於持久授權書內容的決定。

律師見證人

法律規定要有律師做見證人，證明簽署是自願的，那律師不可以是當事人或受權人的親屬。持久授權書一定要找律師辦理，根據《持久授權書(訂明格式)規例》中的表格草擬，當事人在醫生見證下簽名一次，在二十八日內在律師見證下再簽名，受權人也要簽名（並有人見證），文件才算完整。如果當事人沒有寫明要待自己神志不清時才生效，持久授權書就會在當事人簽名時已生效。當事人一旦變得神志不清，普通授權書會自動失效，但持久授權書只要經受權人送交高等法院註冊，就會持續有效。為免日後麻煩，有些當事人簽署後會吩咐受權人隨即註冊，將來當事人神志不清時，受權人就可以立即代當事人管理財產。

最難信得過

陸文慧：

目前在高等法院註冊的持久授權書數字相當少，雖然法例在 1997 年已生效，但直到 2012 年修訂容許律師和醫生不用同場見證，才增加到雙位數字，2016 年註冊數字也不到二百。

　　數目這樣少，因為知道這份法律文件的人實在不多，更重要的原因，可能是找不到「信得過」的人，或者對方覺得責任太大而拒絕幫忙。建議有需要時可考慮採用《持久授權書（訂明格式）規例》中的表格 2，即是委任超過一位受權人，一則可互相監管，二則可減輕彼此的責任。

陸文慧：

有些家人與當事人有聯名戶口，可領錢照顧當事人，但這不能處理樓宇等資產，而且其中一位戶口持有人過身後，除非該聯名戶口訂明有尚存者取得權（survivorship），否則銀行有權不讓另一人提款。

　　當事人沒有持久授權書，在失智後又需要動用財產照顧自己，補救方法是由家人向監護委員會申請做監護人，但每月只可以用一萬多元，做監護人主要代為處理當事人的健康福利事宜，例如決定及安排是否進院舍、做白內障手術等等。如果生活費不夠用，家人要聘律師去高等法院申請做產業受託監管人，才可以動用更高額的生活費，以及處理當事

人的物業和股票，申請程序既花費時間和資源，成功與否更是未知之數，而且申請人也不一定是當事人未失智前心目中的最佳人選。

持久授權書將會有新法例，除了財產外，受權人還可以照顧當事人的健康和福利，包括代作醫療上的決定。

價錢差天共地

陸文慧透露目前立遺囑，內容簡單的，有律師樓的收費可以低至二千元。她所知道的持久授權書收費，見證醫生收費由二千五百元到五千元不等；律師可以低至四千至六千，但亦有律師樓表示要十幾萬元，視乎當事人的個別情況。

她希望政府可以提供「長者平安三寶券」，像醫療券一樣，讓長者更大動力立遺囑、辦持久授權書，並且按需要簽署預設醫療指示。

生命 最後一份禮物

器官捐贈主任
龐美蘭

> 我們負責器官捐贈的，就像中間的「紅娘」，在施與受之間負責穿針引線。

「無論你銀行戶口的錢，你的身體，都是自己的財產。當你物業不再住時，會留給誰呢？你的身體不能用時，有無想過捐出去？不過想捐，也不一定捐到。」器官捐贈主任龐美蘭說。

香港雖然有一半人表示願意捐贈器官，但一年只有大約一百至一百二十名逝者適合捐贈。

龐美蘭：

> 我們負責器官捐贈的，要接觸捐贈者的家庭和受贈的病人，
> 就像中間的「紅娘」，在施與受之間負責穿針引線。
>
> 在醫學上，人有兩種死亡：心臟停頓或者腦死亡。腦死
> 亡的病人很特別，腦幹或腦部失去功能，不懂得呼吸，心臟
> 缺氧便會停頓。以前只有心臟停頓一種死亡，但有呼吸機
> 後，可以繼續供氧，但卻沒有生命迹象。我們有很多條件，
> 全部符合才是腦死亡。

謝建泉：

> 有些人誤會簽了器官捐贈咭，當醫院唔夠肝，病人差不多時
> 就會當作死亡，但其實定義很清楚。這個人已經死掉，不過
> 因為有呼吸機，又有藥物令他心臟繼續活動，有些家人覺得
> 病人的身體仍是溫暖的：「我不覺得他死了！」

龐美蘭：

　　這正是難題。大部份腦幹死亡的病人，是一些中風的病人，突然間爆血管，或者血管塞了，腦部死亡但仍有呼吸，家人突然之間怎去接受呢？這就是我們工作所面對的挑戰。首先要明白家人的哀傷，中風的病人一般會在三至五日內，由兩位醫生完成所有測試確定腦死亡，家人要在這期間接受死亡，作出選擇。

　　我們會講解何謂腦死亡：「你看，他的瞳孔放大了。」慢慢解釋，家人會明白的。有時家人反過來，很想捐贈器官——但除了腦死亡，還要適合。我會在一個病人或者他的家人真正可以選擇、有這個「善緣」時才會接觸家人。

一百人的善緣

龐美蘭：

　　香港每年有近五萬人死亡，只有大約一百至一百二十人適合捐贈器官。例如一位年青人打拳時突然死亡，心臟停頓十五分鐘，血管就會栓塞，缺氧後器官已經不能捐出。如果趕及送到醫院，但大出血，變了植物人，卻沒有腦死亡，那也不合適。

　　有一位媽媽八十多歲，和兒子飲茶，媽媽等到有位但兒子仍未到。媽媽忽然很擔心，馬上結帳回家才發現兒子在廁所暈倒。救護員為他插喉，維持血壓，接著在醫院兒子的腦

部開始腫,然後尿崩,血壓開始低,體溫亦下降。如腦部死亡但心臟仍然維持運作,就可以如媽媽所願捐出器官。

參加者:

如果家人想繼續用呼吸機?如果不捐器官,可否決定甚麼時候拔喉?

謝建泉:

這事很深奧。當一個人已經腦死亡,理論上應該拔喉,無關是否捐贈器官。不過現在許多大醫院,都有不少這些腦死亡的病人還插著呼吸機,因為家人拒絕停機。

龐美蘭:

腦死亡等同死亡,怎樣令親人有尊嚴地離開?有沒有人喜歡自己的遺體被「泵著」,一天天地腫,開始有炎症,開始發臭,因為有細菌、呼吸有痰,是會發臭的,誰喜歡自己變成這樣?是否應該走他要走的路呢?

我們不會說「拔喉」,而是停止不必要的維生儀器。曾經有一個孩子,腦死亡了,我們每個步驟都解釋給他媽媽聽,可是當我們說停儀器的時候,媽媽大鬧:「你好急咩?!你等住張床用咩?!你現在張床留多幾日唔得咩?!

謝建泉：

所以不是拔喉令病人死亡，而是他已經死亡。

龐美蘭：

其實腦死亡的病人，除了用呼吸機，還會用暖毯子保護著，我們會幫他抹面，家人不會看到病人「流眼淚」，反而會覺得他很舒服。

我對那媽媽說：「如果兒子有希望，一天會比一天好，一百天、三百天，我們一定會支持；可是你每天來看的是遺體，我們覺得很心痛。」媽媽就點頭同意，最終亦捐了小朋友的器官出來。

我媽媽也是在我面前中風的，她上完洗手間，出來一拐一拐地，接著就倒下。我哥是醫生，我是護士，但我們沒甚麼可以做。哥哥難過地問：「阿媽，你是不是現在就這樣死掉？！」

我明白家人的感受，可能會內疚，後悔沒有堅持看醫生或者送去醫院。所以首要安撫家人。

當家人不同意

參加者：

> 當病人證實腦死亡後，你們有多少時間問家人？如果家人有不同意見，怎處埋？

龐美蘭：

> 我丈夫也不喜歡我做這份工作：在最難過的時候，還要開口問人要器官。但我是讓家人選擇，整個過程都會陪著家人。家人捐與不捐，我們都尊重，不捐，我也照樣會照顧到最後。我也不會失望，因為對方已經失去家人，不要再給壓力。
>
> 我練了很久，要有耐心地等。宣佈腦死亡，家人在哭，也許會有想做的事，我會等這些事都完成。有一位家人說半小時後就可以，但我給他兩小時，因為經驗告訴我，半小時不夠的，我也先去吃飯，因為之後一定忙到無法吃飯。要照顧人前，先要照顧自己。
>
> 後來家人一整個晚上後才做完想做的事，我也陪著，最後送到深切治療部才離開。我們要耐心地等一個適合的時間。
>
> 有一位二十八歲的女士在教會突然中風，之前還說考完會計試可以去旅行。她媽媽在醫院坐著不動地說：「醫生，我只需要一個miracle啫，唔貪心，我要一個miracle，一個奇蹟，醫生我唔貪心，一個咋嘛，你俾我啦，我只要一個奇蹟，就係佢唔死。」

龐美蘭：

這時你可以走上前讓她選擇嗎？不行，她不會理，要等到她接受，才會輪到我們。

我還要耐心等所有家人。有一位丈夫開電單車，載著太太，結果撞車太太死了。太太的媽媽很生氣，丈夫跪在外母面前，外母馬上走開。當外母在太太床邊，丈夫不敢進去。我唯有分開談：外母傷心昏倒，躺在病床；丈夫也暈倒，坐著輪椅，我就分開一個個談。

有些家庭要集合所有人，我們要了解這家人誰「話事」，可能丈夫沒做工，家裡是大伯作決定的。我們要讓環境和氣氛舒服，可以解答家人所有的問題，有人不同意，不要緊，「有甚麼讓你反對呢？」我會不斷地問。重要是死者生前怎樣想，我不是問家人的想法，而是問死者的想法 — 他想幫人嗎？如果錯失了這次善緣，會否遺憾？站在死者的立場，而不是把自己的價值觀放在別人身上。

組織都可捐

謝建泉：

病人可以捐甚麼器官？例如癌病的病人、老人家，會否想捐也不行？

龐美蘭：

> 香港可以捐的器官包括心、肝、肺、兩個腎，外國還可以捐
> 小腸、胰臟等。心臟停頓後，只可以捐組織，例如眼角膜、
> 皮膚、骨；而癌症病人就是眼角膜。眼角膜的年齡上限是
> 八十歲。器官沒有限制，最大年紀捐出肺部的是八十四歲，
> 最年輕的未到兩歲。
>
> 我曾在西班牙實習，那裡除了器官，很多組織都會要：
> 首先會取背部的皮膚、眼角膜，還有筋，斷了腳筋時可以用
> 人筋去修補。長的骨頭可以移植，甚至做成一粒粒，刨碎成
> 粉，牙醫可用來植骨，我在香港植牙用的是牛骨！

龐美蘭：

> 還有血管，外科醫生需要血管接駁。曾經有小
> 女孩要做肝臟移植，需要媽媽在腳上把整條血
> 管拿出來，讓小女孩用，剛好另一位年青女士
> 願意捐器官，醫生取了一小截血管，那媽媽就
> 不用做這手術。
>
> 每一個組織的保存方法和時間都不同，有
> 些可以長達數年，但器官不行，雖然有新科技
> 可以存養，但只是數小時，最多一天。

謝建泉：

如果我把器官和組織都捐出，遺體會否好多疤痕不漂亮？

龐美蘭：

上次有一位七十多歲的捐贈者，在伊利沙伯醫院出殯，他的大學同學來送行時説：「嘩，佢仲靚過之前呀。」「佢做咗好事呀，所以連個樣都靚過以前。」有人笑著答。

捐器官等於生前做手術，沒有了一些器官，外觀不一定有影響，火化也不會少了骨灰，因為器官主要是水份。捐皮膚，就好像蒸氣甩了皮，皮膚會滑了，也可以用衣服覆蓋。

我們剛有個案，家人不肯捐，就是説病人怕痛。那你想想，遺體怕痛嗎？火葬土葬的時候，會否痛呢？

器官分配有制度

龐美蘭：

器官分配是有制度的，要公平、公開、公正，大部份會考慮病人有多危急。有些器官移植會考慮病人的歲數，我們也希望捐出去的器官可以使用較長時間。

除了配對血型，還要顧及身體大小，曾經有一位瑞典人捐了心臟，但因為很大，沒人能用。很少捐贈者是小孩，有一位小孩心臟有事，剛好也有小朋友捐出來，但媽媽決定帶小孩去美國醫治，美國醫生也建議心臟移植，當媽媽回香港

問時，已經沒機會。

一些肝炎病人也可以捐器官給等候者。就算等候者本身沒有肝炎，但沒有這心臟，兩周後就會死亡，那要不要？有些病人寧願要。但癌症病人的器官，醫生平衡風險後並不會用。

謝建泉：

當你接受捐贈後，要立刻用藥。這些藥會抑壓免疫系統，而癌症其中一個原因就是免疫系統差。肝臟移植後要永遠吃藥，那接受癌症病人的肝臟，風險太大了。

參加者：

我是護士，當學護時有很深刻的記憶：維持一個捐贈者的身體機能，要在深切治療室插喉和做手術，但在香港很多時要等由普通病房轉去深切治療室，當時我在內科病房，聽到資深護士衝口而出：「做咩要我養住條屍啫！」

龐美蘭：

我們照顧一個病人，亦會顧及他的心願，也許他的意願就是捐贈器官？

我本身也是深切治療科護士，要到不同的病房協助整個過程。有些同事很好，一個深切治療科的病人待在一個普通科病房，無論同事多忙都要幫手，所以我很多謝。

參加者：

一個病人受贈器官，之後突然間腦死亡，會否再捐出來？

龐美蘭：

會的。我們有一位肝臟受贈的病人，肝齡六十七歲，病人再用了十一年，離開時除了捐肝臟，還捐了兩個腎出來。因為他保養得很好，那肝臟比之前還健康，現在用在一位年青人身上。

我們一般不會讓受捐贈的家人知道是誰捐器官出來，但有時會知道。例如有一位護士捐了媽媽的心臟，然後就見到新聞有律師接受心臟移植手術，護士後來很想念媽媽，就去找這律師立平安紙。

護士後來結婚生了孩子，想給媽媽見孫兒，就一家來請律師為丈夫立平安紙，還全家一起和律師拍照。

捐贈器官的施受關係很有趣，難說一定是誰幫了誰，有受贈者形容自己是土壤，栽種了你家人的器官，可以帶著去旅行，享受人間的快樂。「心仔我們今日返工返得好辛苦，今晚早啲瞓。」他告訴我會不時和器官說話，而那晚真的睡很好好。

當你得到一個器官，還得到一份感恩的心呢。

記得網上登記

在香港捐贈器官要主動提出,但在新加坡是沒有提出反對,就當作願意。「在新加坡拒絕捐器官的人,在等候器官移植的隊伍會少一點分數。」龐美蘭說:「香港是困難的,除了死者的意願,還要有家人同意。而家人同意,還要問其他家人是否不反對,死者生前有否反對。」

她提醒大家要在網上登記,否則家人要時間找捐贈器官咭,容易錯失機會。

www.codr.gov.hk

生死學堂

撰文	陳曉蕾
協力	廖嘉汶、江麗盈、Flora Ng
書籍設計	Half Room 麥鈞迪、邱俊
插畫	missquai

出版	大銀力量有限公司 九龍大角咀櫸樹街 7-13 號 豐年工業大廈 1 樓 C01 室 bigsilver.org

發行	大銀力量有限公司
承印	森盈達印刷製作
印次	2019 年 5 月初版
規格	148mm×210mm 176 面
定價	港幣 138 元
國際書號	ISBN 978-988-79069-3-3

鳴謝	香港安寧療護基金會資助舉辦生死學堂

香港安寧療護基金會
Hong Kong Hospice and
Palliative Care Foundation

BIG SILVER
COMMUNITY
大銀力量